おいしい本をつくる場所

細山田デザインの
まかない帖

はじめに

　わたしたち「細山田デザイン事務所」は、東京・渋谷区にあるデザイン会社です。料理やライフスタイルの本、児童書から専門書まで、さまざまな書籍や雑誌のデザインを手がけています。スタッフは約20人。仕事柄、夜まで残って作業をする日もでてしまうため、毎日の夕食をよりよいかたちにできないかと考え、現在の社員食堂を作ることとなりました。

　近くのレストランに依頼したり、知り合いのツテをたどって料理家さんに届けてもらったりと、さまざまなことを積み重ねてきました。夕食を共にすることは、スタッフ同士のコミュニケーションがとりやすくなり、楽しい時間となり、食事の前後もデスクで作業ができて時間の節約にもなりました。なんといっても、おいしい夕食が待っている、ということは仕事のやる気と集中力を上げるうえでは、とても大事なことでした。

　2014年に第2事務所を作った際には、1階に食堂を兼ねた打ち合わせスペースと業務用のキッチンを設けて、毎日の夕食は、より本格的になりました。今では、3人の料理家さんに、旬の食材を使った栄養バランスのよい料理を作ってもらっています。

　この本では、細山田デザイン事務所の日々の食卓風景と、1〜2品の簡単なレシピをご紹介します。登場するのは特別な料理ではなく、毎日食べたいようなごはん。でも、その中にちょっとした工夫やワクワクさせる仕掛けが詰まっています。日々の楽しい食卓のヒントになれば、うれしいです。

細山田デザイン事務所
細山田光宣

003
INTRODUCTION

目次

2 はじめに

8 細山田デザインの夕ごはん、一週間

19 SPRING-SUMMER
細山田デザインの夕ごはん
春夏のメニュー&レシピ

20 揚げ物2種と野菜だしのマッシュポテト

21 鶏むね肉のハーブチキンカツ

22 ひな祭りの日の野菜と古代米のちらし寿司

23 たけのこ豆腐の鶏肉団子と水菜のサラダ

24 厚揚げのチリソース ごはんに合うおかずいろいろ

25 いちごのサラダと里いもペーストで
野菜たっぷりのイタリアン

26 山盛りじゃがいもコロッケとキムチ冷や奴

27 牡蠣と菜の花のペンネ

28 グリーンピースごはん 金柑と春菊の白和え

29 トマトカレーときゅうりのピクルス

30 キャベツのごましょうが和え 揚げ里いものごはん

31 揚げなすのおろしなめこ和え

32 ズッキーニ、オクラ、トマトのショートパスタ

33 切り干し大根と柑橘のマリネ

34 インドネシアの混ぜごはん ナシチャンプル

35 ゴーヤチャンプルー 干物としょうがの混ぜごはん

36 揚げなすと冬瓜のくるみダレ

37 海老と野菜のインドカレー
カリフラワーと赤ピーマンとスパイスの蒸し煮

38 新ごぼうのアラビアータとクスクスサラダ

39 手作りミンチ肉のビビンパ

41 野菜のベトナム風スープとアジアのごはん

42 チキンカレーと真っ赤なビーツのカレー

43 食パン専門店のパンできゅうりと卵のサンドイッチ

44 牛肉のファヒータとグリル野菜

45 肉団子の甘酢あんと青菜のごはん

46 ルッコラとパセリで緑色のパスタ

47 米なすのフライとセロリのナムル

48 高知から届いた藁焼きのかつおたたき

49 スパイシーで彩り豊かなタコライス

50 たらのカレースパイス炒め

51 塩麹漬けのチキンカツと
とうもろこしの炊き込みごはん

52 トマトの麻婆豆腐　パクチーのせ

53 ちくわカレーと
にんじんとコリンキーのナンプラーサラダ

54 ガパオライスと揚げ卵でタイ風ごはん

55 青椒肉絲とコーン卵スープ

56 野菜ビビンパと五分づきごはん　酸辣湯風スープ

57 アボカドディップと
キャロットラペのナンプラー　オリーブオイル和え

58 うずまきビーツとかぶの冷製ポタージュ

59 バルサミコ酢風味の蓮根とにんじんのきんぴら
さわやかな柑橘の蒸し鶏

60 野菜と桜海老のかき揚げ冷やしうどん

61 かぶと新玉ねぎのポタージュ

62 スリランカカレーとパパド

63 揚げたてタイ風さつま揚げ

67 食堂＆キッチン

71 AUTUMN
細山田デザインの夕ごはん
秋のメニュー＆レシピ

72 栗ごはんと海老フライ

73 エスニック卵炒め　柿とクレソンのサラダ

74 もっちり、カリカリ　車麩の竜田揚げ

75 豚とたけのこ、小松菜のナンプラー煮込みと
むかご入りごはん

005

CONTENTS

76 牛肉のラグーソース
かぶとカリフラワーのポタージュ

77 自家製キムチと中華風肉味噌

78 豆腐と鶏肉、にんじんのメンチカツ

79 海老とキャベツの揚げ春巻き

80 汁なし担担麺と杏仁豆腐

81 鶏肉とじゃがいもの台湾風煮込み

84 余ったワインで作るハッシュドビーフ

85 それでもワインが余ったら
りんごの赤ワインコンポート

86 ひじきが入った鶏のつくねバーグ

87 里いもコロッケ　八丁味噌ソース
舞茸の炊き込みごはん

88 豚ミンチのエスニック混ぜごはん

89 かぶの葉としらすのふりかけ　ひじきのサラダ

90 肉団子の黒酢あんと春雨サラダ

92 細山田デザインが手がけた、食の仕事

料理家 INTERVIEW

66 永易久美子さん

91 相川あんなさん

96 夏井景子さん

社員旅行

40 ベトナムへ

82 福岡へ

108 台湾へ

季節の行事

64 春の行事［歓迎会］

123 冬の行事［忘年会］

006

97 WINTER

細山田デザインの夕ごはん
冬のメニュー&レシピ

- 98 大人気 里いもの味噌ドリア
- 99 骨付きチキンカレー
- 100 肉団子ときくらげと卵の中華煮込み コロッケ味噌ソース
- 101 コトコト煮込んだ冬のロールキャベツ
- 102 芽キャベツとクリームチーズの春巻き
- 103 干し海老とねぎの炊き込みごはん
- 104 刺身ぶりの照り焼きと大根
- 105 韓国料理 野菜のチャプチェ
- 106 野菜たっぷりのラザニア
- 107 ごろっと野菜のポトフ ざくろ入りフルーツヨーグルト
- 109 豚、蓮根、せりの水餃子スープ
- 110 鶏の唐揚げと紅芯大根の甘酢漬け

- 111 冬にうれしい 温かい豚キムチチゲ
- 112 博多のごぼう天うどん
- 113 柚子が香る 鶏団子のみぞれ汁
- 114 あさりと白菜とトマトのペンネ
- 115 あじときすのフライ 塩豚と大根の唐辛子炒め煮
- 116 わかさぎの南蛮漬け ドライトマトの炊き込みごはん
- 117 トレビスとハーブのナッツドレッシングサラダ
- 118 小松菜のなめ茸和え 大根の柚子マリネ
- 119 鶏手羽元と大根の酒かす煮 うどのもち米おこわ
- 120 ブラジルの煮込み料理 ムケッカ
- 121 海老とカリフラワーのグラタン
- 122 エスニックなハーブが香る タイ風フライドポテト

- 124 今までお世話になった 料理人の皆さま
- 126 おわりに

この本のきまり
- レシピはすべて2人分です。
- 大さじ1は15cc、小さじ1は5cc、1カップは200ccです。
- 調味料や薬味など、分量の記載がないものはすべて適量となります。味見をしながら、好みの味を作ってみてください。

ONE WEEK OF HOSOYAMADA DESIGN OFFICE

細山田デザインの夕ごはん、一週間

打ち合わせに校正など、デザイン事務所が忙しい夕暮れ時。たくさんの食材を抱えて料理家さんが到着します。月曜日の担当は夏井景子さん。

ここが事務所1階のキッチン。業務用のコンロと流し台に、大型オーブン。料理は大皿に盛りつけられて、カウンターに並びます。

008

四季折々の素材をに使った7品のメニューが完成。揚げ物に野菜料理など彩り豊か。春雨のサラダ、にんじんと絹さやのピーナッツ和えなど。

カウンターに大皿盛りで並べられるごはんとおかず、約20人分。スタッフ各自がワンプレートに取り分けていただきます。盛りつけ方にも個性が出て面白い。

ONE WEEK OF HOSOYAMADA DESIGN OFFICE

TUE.

火曜日のお昼。前日の残り物をいただくこともあります。翌日もおいしい……。なんでも最後まで食べきるようにしています。

火曜日の担当も、引き続き夏井景子さん。いわしの梅干し煮、ごぼうのきんぴら、小松菜の味噌汁ほか。カウンターに料理が並び、スタッフが集まってきます。

事務所1階の打ち合わせスペースが食堂に様変わりして、にぎやかになるのは19時頃。おいしい、おいしい、と話しながらいただきます。

ONE WEEK OF HOSOYAMADA DESIGN OFFICE

WED.

水曜日の担当料理家は、相川あんなさん。地元の湘南野菜などをたっぷり抱えてやってきます。たくさんの食材が整然と並ぶキッチンで、作業開始。

黄金のフライが並ぶ光景。揚げたての青あじ。厚揚げのピリ辛炒めも一緒にいただきます。

012

フライには手作りのタルタルソース。トマトと三つ葉のサラダ、切り干し大根の煮物など、野菜中心のさっぱりメニューも並びます。

食後は各自きちんとさげて、皿洗いはスタッフで分担。今日もごちそうさまでした。

THU.

週後半の木曜日。この日は永易久美子さんが料理を担当。今日のメニューはアジアのごはん。

アジア風ふわふわ卵焼きは卵20個以上を使った特大サイズ。卵が割られる様子は見ものです。スープの具にはパクチーの根も。

014

鶏の唐揚げ、ふわふわ卵焼き、細かな野菜がおいしいタイ風サラダなど。お店でも家庭でも出合えない、ここだけの味。

FRI.

いつもより、少し豪華な料理が並ぶ金曜日。担当の永易久美子さんの、ビールに合う中華料理。

金曜日は手作りで設置した
ビールサーバーが活躍。

この日は、スタッフの家族
も集まって、おいしいもの
を分かち合いました。

ONE WEEK OF HOSOYAMADA DESIGN OFFICE

SPRING-SUMMER

細山田デザインの夕ごはん
春夏のメニュー＆レシピ

揚げ物2種と野菜だしのマッシュポテト

1 車麩の竜田揚げ辛味噌ソース
2 蓮根とわかめのきんぴら　3 半熟卵のしょうゆ漬け
4 野菜だしのマッシュポテト ▶ RECIPE
5 水菜のサラダ　6 冬瓜とオクラのおひたし
7 鶏ささみのフライ　8 トマト
9 ごはん　10 三つ葉のお吸い物

揚げ物と一緒に、冬瓜とオクラのおひたしを、すっきりといただきました。いつも人気の永易さんの**マッシュポテト**は、香味野菜の風味がきいています。新じゃがいも2個の皮をむき適当な大きさに切る。水にさらし、ざるにあげる。玉ねぎ、にんじん、セロリ（野菜は葉や使いかけの残りなどでよい）、つぶしたにんにく½片、塩、かぶるくらいの水を鍋に入れ、じゃがいもを加えて、塩味と香味野菜の香りを含ませながら弱火でゆでる。すっと串が通るくらいやわらかくなったら、じゃがいもだけ取り出す。フォークなどでじゃがいもをつぶし、ゆで汁と塩でかたさと味を調節する。野菜の甘さと香りが詰まった煮汁は、野菜や肉をさらに加えて、スープにしてもおいしい。

（料理：永易）

鶏むね肉のハーブチキンカツ

うっとりと美しいビーツのスープと、顔の大きさくらいありそうなカツレツがたくさん並んでいました。ハーブとチーズが香る**チキンカツ**は、鶏むね肉をスライスし肉を叩いて薄くのばす。塩・こしょう、好みのハーブ（タイム、オレガノ、バジルなど）をなじませ、すりおろしたパルミジャーノチーズをまぶす。小麦粉、溶き卵、細びきパン粉で衣をつけ、短時間でカリッと揚げる。器に盛り、パルミジャーノチーズをかければできあがり。甘酸っぱい**大根のマリネ**は、大根の皮をむき、輪切りのごく薄切りにし、軽く塩をふって水分が出てきたらもんで水気を絞り、酢、塩、はちみつ、オリーブオイルで和え、フレッシュのディルを散らして完成。ワインのおつまみや箸休めにも。(料理：永易)

1 ハーブチキンカツ
▶RECIPE
2 豆のマリネ　3 葉物サラダ
4 トマトパスタ
5 大根ディルマリネ
▶RECIPE
6 ほうれん草ときのこのソテー
7 ビーツのスープ

ひな祭りの日の野菜と古代米のちらし寿司

　3月のひな祭りメニューは、野菜がメインの**ちらし寿司**。古代米を使ってごはんに色をつけ、錦糸卵が華やかです。蓮根は皮をむき薄切りにして甘酢に漬ける。米2合に古代米大さじ2を加えて炊き、熱いうちに寿司酢大さじ5を混ぜる。かぶ1個は薄切りにして塩もみし、水分をよく絞る。里いも2個は皮をむき1cm角に切り、固ゆでしてから素揚げする。寿司飯が冷めたら、新しょうが1片とみょうが1個のみじん切りと蓮根、かぶ、里いもを加えて切るように混ぜて皿に盛り、錦糸卵1個分、ゆでたスナップえんどう3本を飾る。他のおかずとすまし汁には新キャベツや菜の花も登場して、春らしい食卓。（料理：相川）

1 いわしの梅干し煮
2 炒り豆腐の含め煮
3 新キャベツの味噌炒め
4 野菜と古代米のちらし寿司 ▶ RECIPE
5 ほうれん草の柚子こしょうナムル
6 あさりと菜の花すまし汁

たけのこと豆腐の鶏肉団子と水菜のサラダ

1 たけのこと豆腐の鶏肉団子 ▶ RECIPE
2 半熟卵の塩麹漬け
3 水菜のサラダ
4 桜ますのフリット 長ねぎのソース
5 春にんじんと紅芯大根のソテー
6 五分づきごはん　7 あおさの味噌汁

肉団子に豆腐を加えると、冷めてもやわらかく、ヘルシーで栄養価も上がります。たけのこと一緒に、あんをからめながら食材の旨味を残さずいただきます。**たけのこと豆腐の鶏肉団子**は、鶏ひき肉150gと水切りした絹豆腐70g、塩小さじ¼、しょうがすりおろしと酒各小さじ1を入れてよく混ぜる。長ねぎのみじん切り½本に片栗粉小さじ1をまぶし、さっくりと混ぜて肉だねに加え、肉団子のたねを作る。鍋に昆布、水を入れて火にかける。鍋肌がふつふつしてきたら昆布を引き上げ、塩、みりん、丸めた肉団子のたねを入れる。肉団子に火が通ったら一度引き上げ、ゆでたたけのこを入れて煮る。肉団子を戻して温め、水溶き片栗粉でとろみをつけ、しょうがの絞り汁を入れる。

（料理：永易）

厚揚げのチリソース
ごはんに合うおかずいろいろ

1 厚揚げのチリソース ▶RECIPE
2 たけのこのフライ　3 おからの煮物
4 青菜のおひたし　5 たけのこと鯛の炊き込みごはん
6 スパイシーなきんぴらごぼう ▶RECIPE
7 キャベツのマリネ　8 だし巻きたまご
9 かぶの漬物　10 油揚げとかぶの味噌汁

春の鯛とたけのこを使った炊き込みごはんに、小さな和のおかずをたくさんいただきました。**厚揚げのチリソース**は、甘酸っぱく、ごはんがすすみます。厚揚げを湯通しし、食べやすい大きさに切る。長ねぎのみじん切り、しょうがとにんにくのすりおろしを太白ごま油で炒める。香りが出たら、豆板醤、粉山椒を入れて炒め、酒、みりん、ソース状につぶしたトマト缶（または刻んだ生トマト）、酢、塩、水を入れる。火にかけ、お好みで水溶き片栗粉でとろみをつけ、厚揚げとからめる。**スパイスをきかせたきんぴら**は、ホールクミンをフライパンに入れ弱火で乾煎りし、ごま油を加えてクミンの香りをうつす。ささがきにしたごぼうとにんじんの千切りを加えて炒め、酒、砂糖、しょうゆを入れて味を含ませながら炒め煮にする。（料理：永易）

いちごのサラダと里いもペーストで野菜たっぷりのイタリアン

1 豆のマリネ　**2** 野菜のトマト煮
3 里いもペーストとバゲット ▶ RECIPE
4 パスタジェノベーゼ
5 ビーツのマリネ
6 いちごとルッコラのサラダ ▶ RECIPE
7 かぶのポタージュ

ワインに合う感じの永易さんの洋食メニューです。本日の夕食中の会話は、ほぼ、「おいしい……」という話題でした。酸味がさわやかな**いちごを使ったサラダ**は、食べやすい大きさに切ったいちごとルッコラをボウルに入れ、オリーブオイル、塩・こしょう、バルサミコ酢で和えるだけ。パンに塗ったものは、**里いものペースト**。ねっとりとした食感の中にほのかに香るにんにく、バゲットによく合います。里いもの皮をむき、1cm幅の輪切りにする。鍋にたっぷりの水、塩、つぶしたにんにくを入れ、里いもを水からゆでる。やわらかくなったらフードプロセッサーなどでペースト状にする。生クリーム、ゆで汁、塩で味とかたさを調節する。

（料理：永易）

山盛りじゃがいもコロッケとキムチ冷や奴

1 じゃがいもコロッケ
▶RECIPE
2 きんぴらごぼう
3 キムチ冷や奴　4 リーフサラダ
5 大根サラダ　6 千切りキャベツ
7 ごはん　8 オレンジ　9 味噌汁

キッチンに揚げ物の香りが広がる、山盛りの大きな**コロッケ**。じゃがいもは串がすっと通るまで蒸して皮をむき、つぶす。玉ねぎをみじん切りにして炒め、ひき肉も加えて炒めて、塩・こしょうする。じゃがいもを加えて混ぜ、手で大きめのわらじ形にする。小麦粉→水を少量加えた溶き卵→パン粉の順に衣をつけて、170℃の油できつね色になるまで揚げる。コロッケに千切りキャベツ、きんぴらごぼう、手作りのキムチ冷や奴。懐かしい感じがするメニューでした。　　　　（料理：夏井）

牡蠣と菜の花のペンネ

春らしい菜の花のパスタで、相川さんの洋食の日。**牡蠣と菜の花のペンネ**は、鍋にたっぷりの湯を沸かし、塩を加えてペンネ120gをゆで始める。フライパンにオリーブオイル大さじ1.5、にんにく１片のみじん切り、鷹の爪１本を入れ、弱火でにんにくが軽く色づくまで炒める。にんにくの香りが立ったら、パセリのみじん切り、生牡蠣8〜10個を入れて火を通し、白ワイン50ccを加える。アルコールをとばし、パスタのゆで汁80ccを入れて混ぜ、ソースを乳化させる。ペンネがゆであがる40秒前に菜の花100gを鍋に入れ、共にゆでる。ざるにペンネと菜の花をあげ、フライパンに入れてソースと合わせる。エクストラヴァージンオリーブオイルを回しかけてできあがり。(料理：相川)

1 鳴門金時とナッツのロースト
2 バゲット
3 クレソンとポンカン、紅芯大根のサラダ
4 牡蠣と菜の花のペンネ ▶ RECIPE
5 キヌアとほうれん草、かぶのグラタン
6 かぼちゃのポタージュ

グリーンピースごはん
金柑と春菊の白和え

1 かぶの素揚げ肉味噌のせ　2 紅芯大根のサラダ
3 グリーンピースごはん ▶RECIPE
4 大根のマリネ　5 柑橘
6 スイスチャードと玉ねぎの炒め物
7 金柑と春菊の白和え ▶RECIPE
8 かぶの葉の味噌汁

うれしい豆ごはんの日。**グリーンピースごはん**は、米に酒少々を加えて水加減をする。グリーンピースと塩を加えて炊き、炊き上がったら軽く混ぜる。**金柑と春菊の白和え**は、金柑のコンポートで甘酸っぱさを、春菊でさわやかさを出したひと品。半割りにして種を除いた金柑ときび砂糖、水を鍋に入れて火にかけ、沸騰したら弱火にして水分がなくなるまで煮る。豆腐は水切りし、春菊はさっとゆでて3〜4cm幅に切る。ボウルに豆腐を入れてくずし、白すりごまたっぷりと、しょうゆを加える。金柑のコンポートと春菊を加えて、全体をよく和える。

（料理：夏井）

トマトカレーと きゅうりのピクルス

トマトがたっぷり入ったカレーに、温泉卵。マーマレードの入ったにんじんサラダと**きゅうりのピクルス**は、カレーにとても合います。かつおだしが香るピクルス液は、他の野菜を漬けてもおいしいです。鍋に酢1カップ、かつおだし1カップ、しょうがのスライス2枚、塩小さじ1、きび砂糖大さじ2、ローリエ、ブラックペッパーを入れ、きび砂糖が溶けるまで火にかけてピクルス液を作る。粗熱がとれたら、食べやすい大きさに切ったきゅうり2本を漬け、冷蔵庫で一晩おく。作っておけば2週間ほどもつので、多めに作っておき、サラダの具などにしても便利です。

（料理：夏井）

1 トマトカレー
2 温泉卵　**3** 蓮根のきんぴら
4 にんじんマーマレードラペ
5 きゅうりのピクルス ▶ RECIPE
6 紫玉ねぎとサラダセロリのサラダ
7 りんご　**8** わかめスープ

キャベツのごましょうが和え 揚げ里いものごはん

1 ほうれん草のごま和え
2 キャベツのごましょうが和え ▶ RECIPE
3 ルッコラサラダ　4 美生柑
5 揚げ里いものごはん
6 ブロッコリーと豚肉炒め 紫玉ねぎソース
7 ポテトサラダ　8 もやしと春菊の赤だし

揚げた里いものごはんが香ばしく、野菜たっぷりの緑づくしが美しい一皿でした。生キャベツをたくさん食べられる、**キャベツのごましょうが和え**がこの日人気の一品。3mm幅の細切りにしたキャベツをボウルに入れて、すりおろししょうが、白すりごま、しょうゆ、酢を合わせたタレで和えるだけ。作りたてのパリパリも、ボウルに残って味がしみ込んだ最後のしんなりも、どちらも美味でした。毎回フルーツを添えてくれる夏井さん。この日は美生柑(ミショウカン)。ジューシーオレンジや河内晩柑(カワチバンカン)、いろいろな呼び名のある果汁たっぷりの甘い柑橘です。日々さまざまな食材を食べる中で、スタッフの間では、フルーツの名前についても話題になります。　　　　　　　　　　　（料理：夏井）

揚げなすの おろしなめこ和え

1 揚げなすのおろしなめこ和え ▶ RECIPE
2 きゅうりのしょうがサラダ
3 赤大根のレモンサラダ
4 かぼちゃとオクラの天ぷら
5 鶏むね肉とスナップえんどうのくるみ和え
6 ごはんと梅干し　7 美生柑　8 豆腐とわかめの味噌汁

色とりどりの野菜がきれいです。なすに、大根おろし、なめこ、のりの組み合わせが、食欲をそそります。**揚げなすのおろしなめこ和え**は、なすは乱切りにする。大根は皮をむいてすりおろす。なめこはさっとゆでる。しょうゆと酢を好みの割合でボウルに合わせて漬け汁を作る。なすを180℃の油で素揚げして、熱いうちに漬け汁に入れる。大根おろしとなめことのりも加えて、好みで大葉の千切りを散らしてできあがり。なめこ入りの大根おろしは、さっぱりといただけるので、揚げ物と好相性。かぼちゃとオクラの天ぷらと組み合わせて食べるのもおすすめです。

（料理：夏井）

ズッキーニ、オクラ、トマトのショートパスタ

貝殻型のパスタ「コンキリエ」を使った、**夏野菜のオイルパスタ**。フライパンにオリーブオイルとつぶしたにんにくを入れ火にかける。にんにくがやわらかくなったらつぶし、食べやすい大きさに切ったズッキーニ、ピーマン、ゆでたオクラ、しめじを加える。火が通ったら、みじん切りのパセリ、半分に切ったミニトマトと塩を入れ、パスタのゆで汁と塩で味を調える。ゆでたコンキリエとオリーブオイルを入れて和え、チーズのすりおろしや、レモンと一緒に。大和いもの落とし揚げは、すりおろした大和いもに、甘いとうもろこしの食感が楽しい一品。揚げたてをいただきました。　　　　　　　　　　（料理：永易）

1 なすと鶏むね肉のナンプラー和え
2 きゅうりとセロリと枝豆のサラダ
3 紫キャベツとにんじんのマリネ
4 ズッキーニとピーマンとオクラとトマトときのこのオイルパスタ ▶ RECIPE
5 大和いもととうもろこしの落とし揚げ
6 グリーンサラダ
7 ビシソワーズ

032

切り干し大根と柑橘のマリネ

1 チキン南蛮
2 コロッケ 玉ねぎのソース　3 田楽
4 スティックブロッコリーとひじきと青大豆のサラダ
5 水菜のサラダ
6 切り干し大根と柑橘のマリネ ▶RECIPE
7 ごはん　8 あさりの味噌汁

切り干し大根と柑橘のマリネは、さわやかな風味で、揚げ物をさっぱりと食べられました。切り干し大根を水に浸けてしっかり戻し、水気を絞る。好みの柑橘(グレープフルーツ、オレンジなど)の皮をむき、果肉を房から出す。房は絞って果汁をとる。ボウルに柑橘の果汁、塩、エクストラヴァージンオリーブオイル、玉ねぎのすりおろしを入れ、よく混ぜてドレッシングを作る。味をみて、酸味が足りなければ酢、甘みが必要ならはちみつを適宜加えて調整する。切り干し大根、柑橘の果肉をドレッシングとよく和える。切り干し大根の戻し汁は、お味噌汁のだしに使うといい風味に。　　　　　(料理:永易)

インドネシアの混ぜごはん ナシチャンプル

ビビンパのように混ぜて食べるインドネシアのごはん、**ナシチャンプル**。フライパンに鶏ひき肉200gを炒め、ナンプラーときび砂糖各小さじ1で調味する。トマト1個を1cm角に切り、紫玉ねぎ½個とレモングラス2本をみじん切りにして、レモン汁½個分と合わせる。にんじん½本、ラディッシュ2個は千切りにして塩もみし、ミントのみじん切りと合わせる。鶏もも肉1枚を食べやすい大きさに切り、ナンプラーときび砂糖各小さじ1をもみ込み、15分おいてから片栗粉をつけ、170℃の油で揚げる。ゆで卵、貝割れ菜と共に盛りつけ、唐辛子とトマト、にんにくなどで作った自家製サンバルソースをかける。ポテトチップはスープに浸していただきます。 （料理：相川）

ナシチャンプル ▶ RECIPE
1 ひき肉のナンプラー炒め
2 トマトのレモングラス和え
3 にんじんとラディッシュの和えもの
4 貝割れ菜　5 ゆで卵　6 ごはん
7 インドネシア風揚げ鶏自家製サンバルソース
8 素揚げしたポテトチップ
9 厚揚げともやしのターメリックスープ

ゴーヤチャンプルー 干物としょうがの混ぜごはん

1 長いもとオクラ、みょうがの梅肉和え
2 鶏と枝豆、とうもろこしの柚子こしょうマヨネーズサラダ
3 ゴーヤチャンプルー ▶RECIPE
4 ひじき煮　5 キウイ
6 あじの干物ときゅうり、
　新しょうが甘酢漬けの混ぜごはん ▶RECIPE
7 はすいもと大根の味噌汁

夏野菜いっぱいの夕ごはん。ネバネバも大好きです。**ゴーヤチャンプルー**はゴーヤ1本を縦半分に切り、種とわたを取り除いて3〜4mmの薄切りにする。木綿豆腐1丁はキッチンペーパーで包み水分を切る。フライパンにごま油大さじ1を熱し、食べやすい大きさに切った豚薄切り肉を炒めて、ゴーヤとちぎった豆腐を加えて炒め合わせる。酒、しょうゆ、塩・こしょうを入れてよく味をなじませる。火を止めて、小口切りにした万能ねぎとかつおぶしを好みの量加えてできあがり。あじの干物を焼いてほぐしたものと薄切りきゅうり、しょうが甘酢漬けのみじん切り、大葉の千切りを**混ぜ込んだごはん**と共に。暑い日にぴったりのさわやかな味でした。

（料理：相川）

揚げなすと冬瓜のくるみダレ

この白いソースには、目を奪われました。生のくるみがたっぷり、香ばしくてほろ苦いです。**揚げなすと冬瓜のくるみダレ**は、冬瓜⅙個の皮をむき、薄くスライスし、ゆでる。なす3本はへたを取って縦半分に切り、皮に細かな切り込みを入れる。生くるみ60gをフードプロセッサーにかけ、だし120cc、きび砂糖と薄口しょうゆ各大さじ½を合わせて、くるみダレを作る。なすを170℃の油で揚げる。器に冬瓜→なすの順に盛り、くるみダレをかける。くるみダレは、だしでのばしてそうめんつゆにしてもおいしくいただけます。　　　（料理：相川）

1 鶏ときゅうり、トマトの赤麹和え
2 とうもろこしの揚げしんじょう
3 揚げなすと冬瓜のくるみダレ ▶ RECIPE
4 万能ねぎとだしの卵炒め
5 七分づき米と明太子
6 モロヘイヤとじゃがいものすり流し

海老と野菜のインドカレー
カリフラワーと赤ピーマンとスパイスの蒸し煮

1 海老と野菜のインドカレー ▶ RECIPE
2 青マンゴーのサラダ
3 カリフラワーと赤ピーマンとスパイスの蒸し煮 ▶ RECIPE
4 じゃがいもとナッツのサラダ
5 たこのアヒージョとさやいんげんの和えもの
6 ごはん

海老と野菜のインドカレーは、むき海老に好みの粉スパイスをふる。マスタードシード、カルダモン、クミンを炒め、みじん切りの玉ねぎ、青唐辛子、にんにく、しょうが、パクチーの根、粉スパイス、角切りトマト、海老を順に加えて炒め合わせていく。水とココナッツミルク、塩で煮込む。**カリフラワーと赤ピーマンとスパイスの蒸し煮**は、カリフラワーと赤ピーマンを食べやすい大きさに切り、塩とレモン汁少々で5分ほどマリネする。オリーブオイルとマスタードシードを熱し、パチパチとはねてきたら粉赤唐辛子、ターメリックを入れ、軽くオイルとなじませる。野菜を入れ、ふたをして時々混ぜながら蒸し焼きにし、塩で味を調える。

（料理：永易）

新ごぼうのアラビアータとクスクスサラダ

1 ひよこ豆のフムスとバゲット
2 スパイシークスクスサラダ ▶ RECIPE
3 紫キャベツのスパイスマリネ　4 チキングリル
5 きのこマリネ　6 きゅうりのディルマリネ
7 新ごぼうとトマトのアラビアータ ▶ RECIPE
8 にんじんラペ　9 新じゃがいもの冷製ポタージュ

永易さんのエスニックな夕ごはん。色の組み合わせが美しい一皿でした。**クスクスサラダ**は、ホールのクミンシードを油で香りが出るまで熱し、カレー粉を入れさらに弱火で熱する。にんにくとしょうがのすりおろし、パクチーの根と塩、水を加えて沸かす。火を止めてクスクスを入れ全体を混ぜ、ふたをして蒸す。細かな角切りに刻んだ野菜（パプリカ、ズッキーニなど）とレモン汁を入れ混ぜる。**新ごぼうとトマトのアラビアータ**は、ごぼうを縦長の乱切りにし、フライパンにオリーブオイルとつぶしたにんにく、種を除いた赤唐辛子を入れて弱火にかけ、香りが出てきたらごぼうを入れ軽く炒める。塩とトマト缶を入れ、ふたをして蒸し煮にする。　　　　　　　　　（料理：永易）

手作りミンチ肉の ビビンパ

お皿にのりきらない、贅沢な15種類の具（実は冷蔵庫に紫玉ねぎの薄切りが忘れられていた……）、まずは、おかずそれぞれを味わって、最後に混ぜていただきました。全体をまとめる**ピリ辛肉味噌**は、豚の切り落としや肩肉、ばら肉など好みの肉をフードプロセッサーにかけて新鮮なミンチ肉を作ると、市販のひき肉よりも香りと味がぐっと引き立ちます。フライパンに、ごま油、しょうがとにんにくのみじん切りを入れて炒め、香りが出てきたらひき肉を入れて炒める。砂糖、酒、豆板醤、赤味噌、しょうゆを加えてさらに炒める。好みの季節の野菜のナムルや、浅漬けを唐辛子で和えたもの、ひじき煮、薬味いろいろ、半熟卵を盛りつけて、コチュジャンを添えて。　　　　（料理：永易）

1 肉味噌 ▶ RECIPE
2 ひじき炒め煮
3 好みの野菜のナムル
　（にんじん、きゅうり、もやし、しめじなど）
4 好みの薬味（大葉、貝割れ菜、三つ葉など）
5 温泉卵　**6** なすの味噌汁

TRAVELING TO VIETNAM
社員旅行／ベトナムへ

1〜2年に一度、気まぐれで社員旅行があります。春は、17人でベトナム・ハノイへ。深夜に着いた初日は、ベトナム風焼肉とビールで乾杯。2日目は屋台でローカルフード。ライスペーパーにハーブと野菜といろいろ巻いていただきます。おいしーい‼と皆で叫びました（安心と信じていた屋台ツアー参加者は、帰国後に全員悶え苦しみました……）。路上の即席テーブル＆椅子スタイルは、おまわりさんに見つかってもすぐ片付けられるから、だそうです。その夜は、レストラン「Madame Hien」で、落ち着いた大人のベトナム料理をいただきました。

040

野菜のベトナム風スープと
アジアのごはん

1 野菜のベトナム風スープ ▶ RECIPE
2 あじのスパイス揚げ
3 パパイヤとピーナッツのサラダ
4 豚肉のカラメル煮と香味野菜の混ぜごはん
5 かぼちゃとピーマンとレモングラスのココナッツミルク煮
6 ゆで卵

ベトナム旅行から帰ってきた永易さんが、ベトナム料理を作ってくれました。出発前に社員旅行の話をしながら見送りました。サイコロサイズの具材がたくさん入った温かな**ベトナム風スープ**は、ナンプラーとハーブが香ります。粗みじん切りにした玉ねぎと唐辛子（あればレモングラス、しょうが、パクチーの根、にんにくも）を油をひいた鍋で甘みが出るまで炒める。さいの目切りにしたじゃがいも、冬瓜、セロリを入れ、油がなじむまで炒める（スープの具は、玉ねぎとじゃがいもはぜひ。あとはお好みで、とうもろこし、トマト、白菜、小松菜など。お肉を入れてもOK）。水を加えて、じゃがいもが少しくずれてとろみがつくまで煮る。味付けは、ナンプラー、塩・こしょう。万能ねぎやパクチーなどをトッピングしても。　　（料理：永易）

チキンカレーと真っ赤なビーツのカレー

1 チキンカレー ▶ RECIPE
2 ビーツのカレー ▶ RECIPE
3 ごはん
4 長ねぎのターメリック炒め
5 ココナッツと小海老のふりかけ
6 メロン　7 野草ブレンド茶（生存茶）

ごはんを土手にして、色違いのカレー２種類。真っ赤なカレー、初めてです。**チキンカレー**はひと口大に切った鶏のむね肉ともも肉各１枚をヨーグルト80g、ガラムマサラ、チリパウダー各少々と合わせ、冷蔵庫に２〜３時間おく。みじん切りした玉ねぎ１個を炒め、すりおろしたしょうがとにんにくを加え、クミンパウダー、コリアンダーパウダー、ガラムマサラ各小さじ１、チリパウダー、ターメリックを入れてよく炒める。水２カップとトマトペースト50gを入れ黄金色になるまで煮る。鶏肉、ココナッツパウダー大さじ３を加えて煮て、バター、塩で味を調える。真っ赤な**ビーツのカレー**は、短冊切りにしたビーツをゆでて、炒めた玉ねぎとマスタードシードと青唐辛子と合わせ、ココナッツミルク、ガラムマサラで煮込んで完成。（料理：相川）

042

食パン専門店のパンで きゅうりと卵のサンドイッチ

銀座の食パン専門店「セントル ザ・ベーカリー」の本のデザインをしたことがきっかけで、銀座へ行くことがあれば、食パンを買ってきます。食パンを使ったメニューをお願いしたところ、今夜は**サンドイッチ**に。きゅうりと卵サラダの組み合わせと、しっとりな食パンがとても合いました。シャキシャキのきゅうりは、塩でもんで絞っておくことが重要ポイント。きゅうり2本を3〜4mmの輪切りにし、重量に対し2％の塩をもみ込む。4〜5回ほど水分を絞り、ぱりぱりにする。卵2個をゆでて、殻をむいて粗くつぶし、マヨネーズとケイパーのみじん切りを混ぜる。塩・こしょうで味を調える。食パンの片面にバターを塗り、もう片面にマヨ卵をのせ、きゅうりをはさむ。食べやすい大きさに切り分ける。

(料理：相川)

1 じゃがいものグラタン
2 きゅうりと卵のサンドイッチ ▶ RECIPE
3 リーフサラダ　**4** バゲット
5 キヌアと海藻のサラダ
6 白菜とあさりの白ワイン蒸し
7 コンソメスープ

牛肉のファヒータとグリル野菜

別館の事務所まで、窓を通してファラフェルの香りが流れてきました。メキシコ風のスパイスがきいた牛ステーキ「**ファヒータ**」に、パクチーが生けてあるのがいい感じです。ステーキ用の牛肉を、塩・こしょう、ライムの果汁、にんにくのすりおろし、はちみつ、クミン、チリパウダー、コリアンダー、オレガノ（油が少ない部位の場合オリーブオイルも）で2時間マリネする（薄切り肉を使う場合は5分くらい）。焼く15分前から室温に出し、ペーパーでおさえて水分を拭き、強火で香ばしく焼く。好みの野菜（ズッキーニ、ヤングコーンなど）に塩・こしょうをして焼き、パクチーなどと一緒に食べる。トルティーヤにはさんだり、肉を薄切りにしてサンドイッチにしても。　　　（料理：永易）

1 ひよこ豆のコロッケとサワークリームのディップ
2 フレッシュトマトのポンゴレビアンコ
3 ひよこ豆のフムスとバゲット
4 2色のキャベツのマリネ
5 玉ねぎドレッシングのサラダ
6 牛肉のファヒータとグリル野菜 ▶RECIPE
7 レンズ豆のスープ

肉団子の甘酢あんと青菜のごはん

1 豆腐メンチ 玉ねぎソース
2 肉団子の甘酢あん ▶ RECIPE
3 きゅうりとスナップえんどうの和えもの
4 青菜のごはん　5 蓮根のきんぴら
6 ほうれん草のナムル
7 玉ねぎの味噌汁

肉団子の甘酢あんは、たっぷりの万能ねぎが加わって、見た目も鮮やか、味を一層引き立てます。鍋に黒酢大さじ5、きび砂糖大さじ1.5、しょうゆ小さじ1.5、水大さじ3、酒大さじ1弱、しょうがの薄切り2枚を入れて火にかける。沸騰したら水溶き片栗粉を加えてとろみをつけ、甘酢あんの完成。豚ひき肉200gをボウルに入れ、塩・こしょう、しょうゆ少々、おろししょうが小さじ2、紹興酒（または酒）大さじ1、ごま油、溶き卵½個を入れて粘りが出るまでよく混ぜる。長ねぎみじん切り½本に片栗粉をまぶして肉だねに加えて混ぜ、手に水をつけながら6等分に丸めて、色よく揚げる。温めた甘酢あんと和える。

（料理：永易）

ルッコラとパセリで緑色のパスタ

鮮やかな**緑色のパスタ**が大きなボウルにたっぷり。器がボウルなのになんだか素敵でした。バジルの代わりにルッコラとパセリを使ったジェノベーゼソースには、ほろ苦さを加えます。ルッコラ、パセリとナッツ（松の実やくるみなど）、エクストラヴァージンオリーブオイル、塩、にんにくをフードプロセッサーにかけてペースト状にする。好みのパスタ（写真はカサレッチェ）をゆでてボウルに入れ、ゆで汁少々とソース、すりおろしたパルミジャーノチーズを入れて和える。器に盛り、上からすりおろしたパルミジャーノチーズをかけ、歯ごたえと香りのアクセントにナッツやハーブを飾る。　　　　（料理：永易）

1 ルッコラとパセリのジェノベーゼ
▶RECIPE
2 きゅうりとパセリのクスクスサラダ
3 トレビスのバルサミコ酢マリネ
4 マッシュポテト
5 さばとトマトのグリル
6 タンドリーチキン
7 にんじんとスパイスのポタージュ

046

米なすのフライとセロリのナムル

1 ゴーヤとひじきの炒め物
2 米なすのフライ ▶ RECIPE
3 デラウエア　4 梅干し　5 ごはん
6 切り干し大根の煮物
7 リーフサラダ　8 セロリのナムル
9 玉ねぎと水菜の味噌汁

誰もがさつまいも？　と思ったら、大きな大きな**米なすのフライ**でした。サクサクの衣に、ほどよく油を吸ってなすがトロリととろけます。ボリューム感があるので、お肉や魚がなくても大満足でした。米なすは3cm幅の半月切りにする。小麦粉、少量の水を加えた溶き卵、パン粉の順に衣をつける。180℃の油でこんがり色づくまで揚げ、好みのソース（とんかつでもウスターでも）をかけて食べる。　　　　　　　　　　　　　　（料理：夏井）

高知から届いた藁焼きのかつおたたき

阿波踊りのために四国へ旅立ったスタッフから送られてきた、高知のかつお。藁焼きの**かつおたたき**を、たっぷりの薬味と特製ダレでいただきました。酢としょうゆ各大さじ1、きび砂糖小さじ1にかつおぶしをひとつかみ入れて混ぜ、タレを作る。みょうがと大葉を千切りにし、2～3分水にさらす。新玉ねぎのスライスも水にさらしてよく水気を切る。お皿に新玉ねぎをしき、かつおのたたきを盛りつける。周囲にみょうがと大葉、トップにはにんにくのスライスと小口切りの万能ねぎ、おろししょうがをのせて、タレをかけてできあがり。　　（料理：相川）

1 高知かつおのたたき▶RECIPE
2 筑前煮
3 たらこと三つ葉のだし巻きたまご
4 七分づきごはん
5 豆腐と貝割れ菜のごまドレッシング
6 なすの味噌汁　7 巨峰

スパイシーで彩り豊かな タコライス

タコライス ▶ RECIPE
1 タコスミート　**2** オクラ
3 アボカド　**4** 餃子の皮のパリパリ揚げ
5 トマト　**6** シュレッドチーズ
7 レタス　**8** レモン
9 わかめと干ししいたけのスープ

沖縄発祥の**タコライス**。白いごはんの上に、スパイシーなタコスミートや生野菜、チーズをのせて、メキシコのビビンパという感じです。にんにく1片と、玉ねぎ½個のみじん切り、あいびき肉150gをオリーブオイルで炒める。赤ワイン80ccを入れてアルコール分をとばし、ゆでたキドニービーンズ適量、トマト缶150cc、野菜ブイヨン100cc、ローリエ、チリパウダー、クミンパウダー、塩を入れ煮詰める。レタスは太めの千切り、アボカドはサイコロ切りにしてレモンを絞る。ボウルにトマト、玉ねぎのみじん切り、レモン、塩・こしょうを合わせる。餃子の皮は短冊切りにしてカリッと素揚げして、オクラはゆでて縦半分に切る。各々お皿に盛りつければ、できあがり。

（料理：相川）

たらのカレースパイス炒め

1 たらのカレースパイス炒め ▶ RECIPE
2 あじと蓮根のメンチ 新玉ねぎのソース
3 うるいとクレソンとひじきのサラダ
4 紫さつまいもの甘煮
5 グリーンピースごはん
6 きのこと長ねぎのグリル
7 2色の大根マリネ
8 アスパラ菜のオイル蒸し
9 小松菜とあさりの味噌汁

魚のメンチは身がぎっしりでした。そして、レモンの香りがさわやかな、**たらのカレースパイス炒め**。生だらの切り身を好みの大きさに切り、強めに塩をし10分おく。水分をしっかり拭き取り、オリーブオイル、こしょうでマリネし、小麦粉をはたく。フライパンにオリーブオイルとにんにくを入れ、弱火にかけて香りを出す。にんにくを取り出し、たらを両面香ばしく焼き、いったん取り出す。油を拭き取り、オリーブオイルを入れ、斜め薄切りにした長ねぎを入れてさっと炒め、カレー粉を入れ香りを出す。白ワイン（または酒）とたらを入れ、レモン汁と塩で味を調整し、全体をからめる。　　　　　　（料理：永易）

塩麹漬けのチキンカツととうもろこしの炊き込みごはん

どうしても大きな3枚のフライをのせたくて、あふれんばかりの飛び出す一皿になりました。**塩麹で漬け込んだ鶏むね肉のカツ**は、しっとりやわらかでした。鶏むね肉（好みで皮を取り除く）は厚い部分を包丁で切り開き、厚みを均等にする。4等分に切り、塩麹、にんにくのすりおろし、こしょう、酒をもみ込んで30分おく。小麦粉、溶き卵、パン粉の順に衣をつけて、こんがりと揚げる。ソースは、とんかつソースにしょうゆとマスタードを混ぜ合わせたものや、好みの柑橘果汁としょうゆを合わせたポン酢を。レモンを絞り、塩で食べるのもおすすめ。取り除いた鶏肉の皮は鶏油として炒め物に使ったり、スープのコク出しに使ったりして無駄なく使い切ります。

（料理：永易）

1 あじのフライ　2 塩麹漬けチキンカツ ▶ RECIPE
3 レモン　4 じゃがいもとディルのサラダ
5 とうもろこしの炊き込みごはん
6 切り干し大根の煮物
7 ピーマンとなすのバルサミコ酢炒め
8 ほうれん草としめじの和えもの　9 豆腐とねぎの味噌汁

トマトの麻婆豆腐 パクチーのせ

夏井さんの**麻婆豆腐**は、トマトやきゅうり、さまざまな具材がふんだんに入っています。豆腐1丁はキッチンペーパーに包み、水気を切る。フライパンにごま油をひき、豆板醤小さじ1.5をさっと炒め、すりおろしたにんにく2片、しょうが1片、小口切りの長ねぎ1本を入れて炒め、香りを出す。豚ひき肉200gを加え、火が通ったら花椒小さじ½を入れる。ざく切りにしたトマト2個を加え、ふたをして5分ほど煮込む。きび砂糖小さじ½、酒大さじ2、しょうゆ大さじ1、味噌大さじ2を加えてよく混ぜ、1cm角に切った豆腐ときゅうりを加える。ひと煮立ちしたら水溶き片栗粉を加えてとろみをつけ、さっと煮る。好みで仕上げにパクチーをたっぷりとのせる。　　　（料理：夏井）

1 トマトの麻婆豆腐 パクチーのせ ▶ RECIPE
2 なすとゴーヤの味噌炒め
3 かぼちゃのクミンマヨ和え
4 かぶのサラダ
5 リーフサラダ
6 ごはん　7 パイナップル

ちくわカレーと にんじんとコリンキーのナンプラーサラダ

1 ちくわカレーライス
▶RECIPE
2 味付け卵
3 キャベツの千切り
4 にんじんとコリンキーの
　ナンプラーサラダ
▶RECIPE
5 ピーマンのみょうが和え
6 ミニトマト

いちばん大きな鍋に、ちくわとオクラがごろごろ入った、たっぷりのカレーでした。**ちくわカレー**は、鍋にサラダ油を入れ、みじん切りの玉ねぎを色づくまで炒める。乱切りにしたにんじんとじゃがいも、しめじ、半分に切ったちくわを入れて炒め、カレー粉、クミンパウダー、コリアンダーパウダーを加えさっと炒める。トマト缶と水を加えて煮込み、火が通ったらカレールウを加え味を調え、オクラを入れる。**にんじんとコリンキーのサラダ**はにんじんとコリンキーの皮をむき、千切りスライサー（あれば沖縄のしりしり器）にかける。ボウルにレモン汁、ナンプラー、ごま油、こしょうを入れ混ぜ、野菜と和える。

（料理：夏井）

ガパオライスと揚げ卵でタイ風ごはん

1 タイ風さつま揚げ
2 切り干し大根ともやしのサラダ
3 揚げ卵
4 ガパオライス ▶ RECIPE
5 パクチー　6 レモン
7 レタス　8 トマトと厚揚げのスープ

　タイの定番料理、**ガパオライス**。たけのこは1cm角、さやいんげんとヤングコーンは1cm長さ、パプリカは薄切りにする。ボウルにオイスターソース、シーズニングソース、ケチャップマニス（インドネシアの甘口しょうゆ。なければしょうゆに砂糖を混ぜて代用）、ライムまたはレモン汁各大さじ1を入れて、合わせ調味料を作る。フライパンに油をひき、赤唐辛子、つぶしたにんにくを炒め、香りが立ったら豚または鶏ひき肉150gを炒める。肉の色が変わったら野菜を加えて炒める。合わせ調味料を入れ、味がなじんだら、ナンプラー少々、刻んだバジル、みょうが、万能ねぎ、紫玉ねぎのスライスを入れて混ぜる。全体が混ざったら、火を止めてできあがり。　　　（料理：相川）

青椒肉絲とコーン卵スープ
（チンジャオロース）

夏真っ盛りの本日の夕食は、青椒肉絲とやさしい味の冬瓜炒めでした。**青椒肉絲**は豚肩ロース肉200gを棒状に切り、しょうゆと酒に漬け込み、片栗粉をまぶしてフライパンで軽く炒めて取り出す。ゆでたけのこ80gと緑ピーマン2個、赤ピーマン1個は千切りに、しょうがとにんにくはみじん切りにする。ボウルにしょうゆ大さじ1、オイスターソース小さじ1、酒　小さじ2、きび砂糖小さじ1、鶏がらスープ40ccを混ぜて合わせ調味料を作る。フライパンに油をひき、しょうがとにんにくを炒め、香りが立ったら赤・緑ピーマンとたけのこを加えて強火で炒める。炒めた豚肉と合わせ調味料を加え、味がなじんだら、水溶き片栗粉でとろみをつける。好みで粉山椒をふり、できあがり。

（料理：相川）

1 青椒肉絲 ▶ RECIPE
2 薬味のせ冷や奴
3 切り干し大根のごま酢和え
4 冬瓜とわかめと小海老の炒め物
5 ごはん
6 コーン卵スープ

野菜ビビンパと五分づきごはん 酸辣湯(サンラータン)風スープ

7種類もナムルが入った**野菜ビビンパ**。かぶとのりのナムルは、塩もみしたかぶに、ごま油で風味付け。にんじんナムルは塩もみして絞ったにんじんにごま油、しょうゆ、豆板醤、すりごまを和えて。ほうれん草ナムルは柚子こしょう、しょうゆ、ごま油味。しいたけナムルは薄切りの生しいたけをごま油で炒め、しょうゆ、酒、きび砂糖の味。豆もやしのナムルは酢、しょうゆ、塩、ごま油で。きゅうりナムルは小口切りきゅうりを塩もみして絞ってパリパリにしたら、しょうゆ、塩、ごま油、炒りごまをぱらり。戻してにんにくとごま油で炒めた切り干し大根にトマト缶を加えて強火で炒めた大根トマトナムルも新鮮。翌日のお昼には、違う器でいただきました。　　　　（料理：相川）

野菜ビビンパ▶RECIPE
1 かぶとのりのナムル
2 ほうれん草ナムル　**3** しいたけナムル
4 大根トマトナムル　**5** 豆もやしのナムル
6 きゅうりナムル　**7** にんじんナムル
8 五分づきごはん　**9** 酸辣湯風スープ

アボカドディップとキャロットラペのナンプラー オリーブオイル和え

1 2色ズッキーニのグリル
2 アボカドディップと全粒粉バゲット ▶ RECIPE
3 キャロットラペのナンプラーオリーブオイル和え ▶ RECIPE
4 ディルポテトサラダ
5 プラムとトマトのホワイトバルサミコ酢サラダ
6 さわらのラグーサフランソースのカザレッチャ
7 野菜スープ しそジェノベーゼソース

アボカドのディップは、ライムがさわやかにきいていました。アボカド1個の皮と種を取り除き、ボウルに入れてフォークでつぶす。塩少々、ライム汁½個分、チリパウダーを入れて味を調えれば完成。できたてを食べるのがおすすめです。**キャロットラペ**は、ナンプラーの風味がすごく新鮮。ポイントは、にんじんを塩もみしてしんなりさせることだそう。にんじん2本をスライサーなどで千切りにして、塩をもみ込み、水分が出たら一度流水で洗いよく絞る。ボウルにナンプラー小さじ1、エクストラヴァージンオリーブオイル大さじ1、きび砂糖ひとつまみを入れ、泡立て器で混ぜて乳化させる。絞ったにんじんを加えて混ぜ合わせ、こしょうをパラリと。　　　　　　（料理：相川）

うずまきビーツとかぶの冷製ポタージュ

鎌倉や湘南の採れたて野菜を仕入れて、夕食を作ってくれる相川さん。このスープには何が入ってるんだろう、と話題になり、「うずまきビーツ」と聞いて、断面の美しい模様を想像しながらいただきました。とろりとして**冷たいポタージュ**は、だしが入っていない分、素材の味が際立ちます。うずまきビーツ2個は皮をむき、かぶは皮付きのまま、くし切りにする。鍋にオリーブオイルをひき、うずまきビーツとかぶを弱火で炒める。しんなりしてきたらかぶるぐらいの水と塩小さじ1を入れ、やわらかくなるまで煮込む。火を止め、なめらかになるまでミキサーにかけ、豆乳100ccを加えて塩・こしょうで調味する。粗熱がとれたら冷蔵庫でよく冷やし、仕上げにエクストラヴァージンオリーブオイルとパセリを散らす。 　　　　　（料理：相川）

1 さやいんげんとサルシッチャ風ペンネ
2 カポナータ　3 バゲット
4 リーフ＆スプラウトサラダ
　自家製にんじんキウイドレッシング
5 ツナとブロッコリーの粒マスタードサラダ
6 うずまきビーツとかぶの冷製ポタージュ ▶RECIPE

058

バルサミコ酢風味の蓮根とにんじんのきんぴら
さわやかな柑橘の蒸し鶏

1 わかさぎのフライ　2 ポテトサラダ 豆乳ソース
3 わかめと新玉ねぎの梅ドレッシングサラダ
4 鶏肉の柑橘しょうゆ蒸し ▶ RECIPE
5 蓮根とにんじんのきんぴら ▶ RECIPE
6 おかひじきと菜の花の和えもの　7 ごはん
8 新玉ねぎのすり流し

歯ごたえサクサクの、**蓮根とにんじんのきんぴら**。隠し味にバルサミコ酢を使っているから、まろやかな酸味と甘みが加わります。蓮根の皮をむき、繊維に沿って細長く切り、水にさらしざるにあげておく。にんじんも同じくらいの大きさの細長い乱切りにする。ごま油で蓮根とにんじんを炒める。油が全体になじんだら、酒とメープルシロップを入れふたをして蒸し煮にする。仕上げに、バルサミコ酢、しょうゆ、塩を入れて炒め、味をからめる。最後に黒ごまをふれば完成。**鶏肉の柑橘しょうゆ蒸し**は、鶏もも肉を柑橘の果汁としょうゆに浸けて蒸し煮にしたもの。やわらかくてさわやかな一品でした。　（料理：永易）

野菜と桜海老のかき揚げ冷やしうどん

かき揚げ冷やしうどん ▶ RECIPE
1 ごぼう、にんじん、枝豆のかき揚げ
2 桜海老と長ねぎのかき揚げ
3 わかめ　**4** きゅうり
5 大根おろし
6 トマト

かき揚げが大きすぎて埋もれていますが、今日は夏らしく**冷やしうどん**です。2種類のかき揚げは、食感と香りがそれぞれ違いました。ごぼう1本は薄切り、にんじん1本は千切り、枝豆はかためにゆでてさやから取り出す。ボウルに野菜と枝豆を入れて小麦粉をまぶし、炭酸水と小麦粉1：1の割合に塩少々を混ぜた衣をつけ、食べやすい大きさに調えて、170℃の油で揚げる。1cm幅の小口切りにした長ねぎ1本と桜海老も同様にかき揚げにして、揚がったら塩をぱらりとふる。ゆでて冷やしたうどん、きゅうりの千切り、大根おろし、わかめ、角切りトマトと一緒にお皿に盛りつけ、めんつゆをかけてできあがり。

（料理：相川）

かぶと新玉ねぎのポタージュ

かぶと新玉ねぎのポタージュは、かぶと玉ねぎをじっくりゆっくり蒸し煮にして、甘みと香りを引き出しています。かぶは皮をむき薄切りにする。新玉ねぎも繊維に垂直に薄切りにする。鍋にオリーブオイルと玉ねぎを入れ、軽く塩をして、ふたをしながら焦げないように蒸し炒めにする。玉ねぎから甘い香りがしてきたらかぶを加えて、また蒸し炒めにする。かぶがやわらかくなったら、食材が隠れるくらいの水を入れ、ふたをして煮る。ミキサーまたはハンディーブレンダーで攪拌する。好みのとろみ加減になるように、無調整豆乳や牛乳、水を加えて調整する。味付けは塩で。スープの濃度が決まってから、最後に味を調える。仕上げに黒こしょうを散らしても。　（料理：永易）

1 チキン南蛮
　和の薬味と豆乳のタルタルソース
2 蓮根とひじきの煮物
3 半熟卵　**4** クレソンのサラダ
5 ごはん　**6** キャベツの千切り
7 かぶと新玉ねぎのポタージュ ▶ RECIPE

スリランカカレーとパパド

スリランカ風のカレー数種類。ごはんの土手が決壊……そのまま混ぜて食べることをすすめられました。**チキンカレー**は、鶏もも肉（写真とは部位が異なる）1枚の皮と脂を取り除き、ひと口大に切る。麺棒などでつぶしたマスタードシード小さじ1、しょうがとにんにくのすりおろしを合わせて大さじ½、塩小さじ¼、ターメリック小さじ¼、チリパウダー小さじ¼で鶏肉を30分マリネする。ガラムマサラ大さじ1、コリアンダーパウダー小さじ1を濃い茶色になるまで乾煎りする。鍋に油大さじ1、クミンシード小さじ½、カルダモン4粒、シナモンスティック5cmを入れて火にかけ香りを出す。みじん切りの玉ねぎ½個を強火で炒め、トマト½個と乾煎りしたスパイス、鶏肉を順に加え炒め、水を入れ煮込む。塩で味を調える。　　　　（料理：永易）

1 かぼちゃのカレー
2 チキンカレー ▶ RECIPE
3 根菜カレー　4 ゴーヤのカレー
5 ココナッツのふりかけ　6 ごはん
7 さつまいもとビーツのスパイス炒め
8 パパド
9 レモンとパプリカと
　唐辛子ドレッシングのサラダ

SPRING-SUMMER

揚げたてタイ風さつま揚げ

1 にんじんと紅芯大根とひじきのマリネ
2 きんぴらごぼう　3 ズッキーニとパプリカの炒め物
4 タイ風さつま揚げ ▶ RECIPE　5 鶏ささみの甘酢和え
6 リーフサラダ にんじんドレッシング
7 おかひじき入りおからの煮物
8 ごはん　9 かぶと長ねぎの味噌汁

手作りの**タイ風さつま揚げ**、揚げたてのあっつあつの間にいただきました。冷めるとしぼんでしまうそうです。タイハーブの香りと魚の風味が口いっぱいに広がります。海老、白身魚、水切りした絹豆腐をフードプロセッサーにかけてすり身にする。にんにくとしょうがのすりおろし、レモングラスのみじん切り、パクチーの根のみじん切り、赤唐辛子粉（またはレッドカレーペースト）、砂糖、塩、ナンプラー各少々を加えて、フードプロセッサーでさらに攪拌する。ボウルに移し、さやいんげんの小口切り、筋をとり千切りにしたこぶみかんの葉を加えて混ぜる。手に油をつけながら好みの形に成形し、低温の油でゆっくりときつね色になるまで揚げる。チリソースをつけて食べる。

（料理：永易）

春の行事 [歓迎会]

中央の黒板には、チョークで、メッセージやメニューを手書きします。

いただきもののかつおのたたきを手こね寿司に。手巻き寿司を楽しみました。

大きな中華鍋には、尾頭付き鯛のアクアパッツァ。

064

テーブルの配置を変えることで、いつもの場所が別空間のように。

土鍋には豚の角煮、青菜のおひたし、新じゃがの煮っころがしなど。

歓迎会などの行事も、事務所内で行っています。今回のテーマは「和食屋さん」。以前に夕食を担当してもらっていたこともあるフードスタイリストの中山暢子さんに、お料理をお願いしました。土鍋や和食器、漆のお椀を用意してもらい、照明やテーブルの配置を変え、一夜限りのおばんざい屋さんのような雰囲気になりました。

いつもと違う器に盛りつけ。春らしいたけのこと木の芽のおにぎりがうれしいです。

料理家 INTERVIEW
永易久美子さん

ながやす・くみこ 家庭料理家。神奈川県出身。カフェ、パティスリー、レストランなどで経験を積み、独立。料理教室「食ぅ想ぅ」を主宰する傍ら、出張料理、パーティのケータリングなどを手がける。旬を大切にした日本の家庭料理を基本に、自由な発想で五感に訴える料理を作り出している。http://kuusou-kitchen.jp

「知り合いのデザイン事務所で、夕食を作ってくれる人を探しているんだけど、どう?」と友人に声をかけてもらったことがきっかけで、ここで料理を作るようになって、3年目になります。

今は週1回、金曜日の担当。金曜日は、細山田さんがクラフトビールを用意してくれて、スタッフの皆さんは夕食時にお酒を飲む日なので、ちょっと目先が変わって、しかもお酒にも合うようなメニューを選んでいます。1週間のお仕事の疲れもたまっているだろうから、目で見て元気になれるように、彩りをよくしたり。そして、栄養と味の両方の意味で、なるべくたくさんの食材を使うことを、いつも心がけています。そう考えているうちに、東南アジア、アフリカや中南米など、世界各国の料理の登場回数が増えていきました。いろいろな国の家庭料理です。

もともと「家庭料理」に対する思いが強くて、仕事でもプライベートでも日本のおうちのごはんをベースに料理を作ってきました。そこから派生して世界各国のおふくろの味を作るようになったのですが、決して複雑なものではありません。旬の食材を焼いたり煮たりして、調味料を少し変えるだけ。

細山田デザイン事務所の夕食は、なんでも自由にやらせてもらえるので、ほぼ即興で作っているんです。午前中に買い出しに行き、新鮮な食材を見つけたら、そこから献立を組み立てて……。特にレシピは用意せず、お鍋やフライパンの中を覗き、香りをかぎながら、作り上げています。常に新鮮な気持ちで新しい食材と向き合って、食べてくださるスタッフの方にも新しい「おいしい!」を見つけてもらえたらいいな、と思っています。

CANTEEN & KITCHEN
食堂&キッチン

お米は全国から取り寄せしています。徳島や島根、熊本の有機栽培、無農薬栽培のお米。五分づきや七分づき、もち米。健康のために雑穀（ひえ、あわ、もち麦、黒米、古代米など）も常備。なぜか羽釜のあるデザイン事務所ですが（道端の「ご自由にどうぞ」コーナーからいただいたため）、わたしたちの命（？）の炊飯器が壊れたときに活躍しました。鍋でも炊けるところ、羽釜を使いましたが、炊飯器より断然早く炊け、しかもおいしいです。

CANTEEN & KITCHEN
食堂&キッチン

シンプルな鉄フライパンや中華鍋、ステンレス鍋、寸胴鍋。30年前の寸胴鍋もあれば、合羽橋で揃えたものも。下写真・右上のいも煮鍋、これも道端に置かれていたものを自転車でかついできたもの。家庭用には大きすぎるけれど、ここでは大いに活躍しています。

揚げ物や炒め物など、油を使う機会が多いので、油は捨てることなくこして使いまわしています。酸化しにくい米澤製油のなたね油と、野田琺瑯のオイルポット。

068

ロンドンのLabour&Waitで買ってきた、鉄の町Sheffieldで作られた琺瑯の平皿。重ねると場所をとりません。

シンプルにせっけんを使っています。セスキ炭酸ソーダを水でうすめたものは、油汚れに。

ビールサーバーを手に入れるのには、なかなか苦労が。まな板に穴をあけて設置しました。樽ごと冷蔵庫に入れる空冷式。

CANTEEN & KITCHEN
食堂&キッチン

スタッフの実家から送られてきた関西地方の手作りのいかなごのくぎ煮。各家庭で作ったくぎ煮を専用の箱に入れて発送する、ヤマト運輸のくぎ煮便というものがあることを知って驚きました。他にも、のりの佃煮やゆかり（これはマルヨーのり製造所、玉隠堂農園のもの）が人気で、お土産を持ち寄ったりして、ごはんと一緒にいただきます。

大分のお米農家さんが送ってくださった無農薬の野菜は、料理家さんたちにお願いして、夕食に活用してもらいました。撮影に使ったパンは、蒸し焼きにしていただきます（固くなったパンは、フライパンに水をひいて、脚つき網にのせ蓋をして蒸すとふわふわに蘇る。水が蒸発した後、フライパンに直に置き、蓋をして弱火で焼き目をつけると、パリッふわっとしておいしい）。

AUTUMN

細山田デザインの夕ごはん
秋のメニュー＆レシピ

栗ごはんと海老フライ

1 揚げ里いもとしいたけ山椒煮の甘酢かけ
2 鶏の焼きもの 柚子こしょう&赤麹のせ
3 巨峰　4 海老フライ 自家製タルタルソース
5 白菜の浅漬け　6 栗ごはん ▶ RECIPE
7 かぶのごま和え
8 薄揚げとねぎの味噌汁

栗ごはんは大好きなので、皮むきが大変なのに……と思いながら、ここで食べられるなんて、本当に幸せです。皮付きの栗300gは水からゆでて、沸騰後2〜3分後に火を止めて、熱いうちに皮をむく。米1.5合ともち米0.5合を合わせて研ぎ、炊飯器に入れて酒大さじ2、塩小さじ1、薄口しょうゆ少々を加える。水加減をして、上にだし昆布10cmと栗をのせ、30分ほど浸水させて炊く。海老フライのタルタルソースは、素材の食感が決め手。ソースが水っぽくならないように、玉ねぎやピクルスの水気をよく切ることが大切。　　　　　　　　（料理：相川）

エスニック卵炒め
柿とクレソンのサラダ

夏の名残と秋の訪れを感じる、野菜たっぷりの夕ごはん。**ふんわり卵炒め**にはナンプラーを使い、旨みと塩味を加えることがポイント。卵2個、ナンプラー少々を入れ混ぜる（混ぜ方は黄身と白身が多少分離しているくらいが目安）。しっかり熱したフライパンにごま油を熱し、長ねぎのみじん切りを入れてさっと炒め、卵液を一気に流し込む。鍋肌の固まったところから菜箸で大きくゆっくり中央に寄せ、フライパンを傾け、空いた部分に卵液を移動させて全体に火を通す。9割ほど火が通ったら器に盛り、好みの野菜を添える。ナンプラー、チリソース、酢（ライムやレモン果汁）を混ぜたソースを野菜にかけ、卵と一緒に食べる。海老や季節の野菜などを入れてもおいしい。

（料理：永易）

1 ゴーヤと冬瓜の炒め物　2 きんぴらごぼう
3 柿とクレソンのサラダ
4 きのこと栗の炊き込みごはん
5 エスニック卵炒め ▶ RECIPE
6 里いものポタージュ
7 チキンとひよこ豆のスパイス煮込み

もっちり、カリカリ 車麩の竜田揚げ

大きな車麩を、甘辛味の竜田揚げに。表面サクサク、中はもっちりでジューシーです。金沢でお麩料理に出合ってお麩を見直しました。煮物の翌日は残った煮汁を吸わせて卵とじにすることが日常だそうで、生活に取り入れたいものです。**車麩の竜田揚げ**は、かつおぶしと昆布の合わせだし（干ししいたけと昆布の合わせだしでもよい）100cc、みりんとしょうゆ各大さじ½、塩少々、しょうが絞り汁大さじ1とにんにくの薄切り2枚を混ぜ合わせてバットに入れ、車麩2枚を1時間漬け込む。半分に切り軽く絞り、片栗粉をつけ短時間でカリッと揚げる。皮をむき、輪切りにした蓮根も素揚げして、添える。　　　　（料理：永易）

1 鮭の焼き漬け
2 車麩の竜田揚げ ▶ RECIPE
3 長いもと水菜のサラダ
4 さつまいものはちみつレモン煮
5 ごはん　6 大豆五目煮　7 チャプチェ
8 長ねぎとなめ茸の味噌汁

豚とたけのこ、小松菜のナンプラー煮込みとむかご入りごはん

1 紅芯大根ともやしのナムル
2 スティックブロッコリーとチコリの粒マスタード和え
3 むかごごはん
4 豚肉とたけのこ、小松菜のナンプラー煮込み ▶ RECIPE
5 きのことゆり根のマリネ
6 油揚げの味噌汁　7 洋梨

小松菜とたけのこを合わせた**エスニック風の煮込み**は、豚ばらブロック肉150gとゆでたけのこ100gをひと口大に切り、豚肉にはナンプラーときび砂糖各小さじ1.5をもみ込む。にんにく1片のみじん切りを菜種油で炒め、香りが立ったらたけのこを炒めて水分をとばす。たけのこをいったん取り出して豚肉を加えて炒め、たけのこを鍋に戻す。ナンプラーときび砂糖各大さじ1、かぶるくらいの水を入れ、アクをすくいながら肉がやわらかくなるまで煮込む。味を含んできたら、ざく切りにした小松菜を入れて1分ほど煮込んでできあがり。大好きな「むかご」（山いもの葉っぱの付け根に実る小いも）を加えて炊いたごはんとも合います。

（料理：相川）

牛肉のラグーソース かぶとカリフラワーのポタージュ

1 自家製リコッタチーズと洋梨、ポーチドエッグのサラダ
2 バゲット
3 ひと口コロッケ
4 牛肉のラグーソースのペンネ ▶ RECIPE
5 かぶとカリフラワーのポタージュ ▶ RECIPE

牛肉のラグーソースは、鍋にオリーブオイルとにんにくを熱し、香りが出たら玉ねぎ¼個とセロリとにんじん各½本のみじん切りを加えて弱火で炒める。野菜がしんなりしたら、細切りにした牛肩ロース肉160gを入れる。色づいたら赤ワイン150ccを加えて煮詰め、ローリエとトマト缶120ccを入れ中火で煮る。塩・こしょうで味を調え、ゆでたペンネ120gと和え、仕上げにバター、パセリ、パルミジャーノチーズをかける。**かぶとカリフラワーのポタージュ**は、鍋にオリーブオイル大さじ1.5、皮をむかずにくし切りにしたかぶ2個、小房に分けたカリフラワー½個を炒め、塩小さじ1を入れ、ふたをして弱火で蒸す。やわらかくなったらかぶる程度の水を入れ、煮込む。ミキサーにかけて鍋に戻し、豆乳150cc、塩・こしょうを入れて温める。

（料理：相川）

076

自家製キムチと中華風肉味噌

ごはんに合うものがたくさんのった一皿でした。手作りのキムチもうれしいです。**中華風肉味噌**は、ごはんと一緒はもちろん、レタスで巻いたり中華麺と和えてもおいしく食べられます。フライパンにごま油、にんにくとしょうがのみじん切りを入れて熱し、香りが出たら長ねぎのみじん切りを加えてさっと炒める。豚ひき肉、干し海老、シナモンパウダー、八角を加えて、パラパラになるまで炒め、水で戻して刻んだ干ししいたけを加える。ボウルに干ししいたけの戻し汁、コチュジャン、しょうゆ、味噌、酒を合わせ、フライパンに加えてひと煮立ちさせる。水で溶いた片栗粉を加えて混ぜ、とろみがつくまで加熱する。

（料理：夏井）

1 リーフサラダ　2 きんぴらごぼう
3 切り干し大根とひじきのサラダ
4 中華風肉味噌 ▶ RECIPE
5 りんご　6 ごはんときざみのり
7 自家製キムチ　8 わかめナムル
9 秋なすの味噌汁

豆腐と鶏肉、にんじんのメンチカツ

特別な日、リクエストで和食をお願いしました。いつもに増して豪華、そして美しい……。**豆腐と鶏肉が入ったメンチカツ**の衣の中は、とろっとしていました。にんじん½本をすりおろし、太白ごま油と塩で炒め、水分をとばし甘みを出す。長ねぎ½本を粗みじん切りにし、太白ごま油と塩で炒める。共に粗熱をとる。しっかり水切りした絹豆腐60g、おから40g、にんじんと長ねぎをボウルに入れて混ぜ、塩で味を調整する。鶏ひき肉100g（海老のミンチでもよい）に塩を入れて混ぜ、豆腐だねと合わせる（ゆるい場合は、おからで固さを調整する）。バットに広げて空気を抜き、冷蔵庫で冷やす。成形し小麦粉、溶き卵、生パン粉を付け、最初は高温、次に低温でじっくり色よくサクッと揚げる。

（料理：永易）

1 豆腐と鶏肉、にんじんのメンチカツ
  かぶのソース ▶ RECIPE
2 ふろふき大根
3 海老ときゅうりのマリネ
4 サーモンのバターしょうゆ焼き
5 きんぴらごぼう
6 青大豆としょうがの炊き込みごはん
7 きのこのすまし汁

海老とキャベツの揚げ春巻き

1 海老とキャベツの揚げ春巻き ▶ RECIPE
2 カリフラワーとブロッコリーとトマトの中華風サラダ
3 ゆで鶏と半熟卵 しょうゆソース
4 鶏だしで炊いたごはん　5 ひじきと蓮根の煮物
6 にんじんと紅芯大根のサラダ
7 豆腐とねぎの味噌汁

　１週間の最後、夕食時にビールを飲める金曜日。チキンライスがメインですが、**海老とキャベツの春巻き**も、具だくさんのサラダも豪華。むき海老の背わたをとり、片栗粉と塩でよくもみ、水で洗い流す。水分をキッチンペーパーで拭き取り、海老の2/3量を包丁でしっかりと叩く。残りの海老は歯ごたえが残るように大きめに切る。ボウルに海老、塩、キャベツの粗みじん切り、ごま油、片栗粉を入れ、よく混ぜ合わせる。具をそれぞれ春巻きの皮で包み、油でこんがりと揚げる。市販のスウィートチリソースをつけて食べる。　　　　　　（料理：永易）

汁なし担担麺と杏仁豆腐

鎌倉にある邦栄堂製麺所の中華麺が手に入ったそうで、今日は相川さんの**汁なし担担麺**。事務所のキッチンで湯切りする姿は、まるでラーメン屋さんでした。ねぎ½本、しょうがとにんにく各1片をみじん切りにし、ごま油で香りが出るまで炒める。豚ひき肉150gを入れ、火が通ったら酒、しょうゆ、甜麺醤、オイスターソース各大さじ1、豆板醤小さじ½を入れて肉味噌を作る。麺をゆで、流水でよく洗う。練りごま大さじ2、きび砂糖とラー油各小さじ1、塩・こしょう、鶏ガラスープ40cc、酢大さじ2と麺をからませ、肉味噌、半熟卵、ゆでたチンゲン菜、青ねぎ、白髪ねぎ、糸唐辛子をのせる。ハイビスカスティーにきび砂糖を混ぜたシロップをかけた杏仁豆腐は（写真が消えてしまいましたが……）、鮮やかなピンクと白の組み合わせで、うっとりするほど美しかったです。

（料理：相川）

汁なし担担麺 ▶ RECIPE
杏仁豆腐ハイビスカスシロップかけ

鶏肉とじゃがいもの台湾風煮込み

1 舞茸となすと長ねぎのソテー
2 鶏肉とじゃがいもの台湾風煮込み ▶ RECIPE
3 半熟卵
4 香味野菜のグリーンサラダ
5 にんじんナムル　6 ごはん
7 三つ葉の味噌汁

おかずがたくさんでお皿にのりきらない……という騒ぎが聞こえ、ひとまわり大きい小鹿田焼に盛りつけてみました。八角の香りと甘辛い味がごはんに合う、**台湾風の煮込み**。食べやすい大きさに切った鶏もも肉を、おろししょうが、塩、酒でマリネしておく。しょうゆ、きび砂糖、紹興酒（または酒）、長ねぎの青い部分、しょうがの薄切り、八角、シナモンと共に鍋に入れ、水を注ぎ煮る。アクを取り除き、水で戻して石突きをとったきくらげを入れ、ふたをして煮込む。新じゃがいもは皮付きでひと口大に切り、水にさらす。新じゃがいもを入れてふたをし、味がしみ込むまで煮る。卵は割るととろっと半熟で、煮汁につけて食べてもおいしいです。　　　　　（料理：永易）

TRAVELING TO FUKUOKA

社員旅行／福岡へ

082

晩秋の福岡へ。1日目、海。志賀島のごはん屋さん「おにや」で色とりどりの前菜ともつ鍋を堪能。2日目、食べすぎた翌日も皆でもりもり朝食ビュッフェを食べて、いざ街へ。珈琲屋さん「abeki」や「釜喜利うどん」へ。その後、夜は4軒をはしご。海、街ときたので、3日目は山がいいかなと、南東部のうきは市へ。耳納連山とフルーツ畑が広がっていて、本当にいいところです。オレンジ色の木々は、紅葉ではなく、ぜんぶ柿。道の駅うきはの季節のソフトクリームは、生のフルーツから手作りしているので、フルーツの味そのまま。この季節は、ピオーネのソフト。そして「ぶどうのたね」の珈琲とケーキで休憩。いつにも増して食べ続けた旅でした。

余ったワインで作るハッシュドビーフ

お酒が好きなスタッフが多いのですが、毎回、少しずつ残ってしまったワインをどうにかしようと、相川さんにお願いしたところ、赤ワインを活用した贅沢な**ハッシュドビーフ**を作ってくれました。ワインの香りがして、いつもより断然深い味わいでした。玉ねぎを薄切りにする。大きめの鍋に油を熱し、玉ねぎをあめ色になるまで炒める。フライパンにバターを熱し、牛薄切り肉に塩・こしょう、小麦粉をまぶして炒める。色づいたら赤ワインを加えて煮詰める。玉ねぎの鍋に入れ、トマト缶と水を材料がかぶるくらいまで入れる。沸騰したらオイスターソース、塩・こしょうを加える。舞茸を食べやすい大きさに切りバターで炒め、マルサラ酒を入れて熱し、生クリームを加えて煮詰める。舞茸とゆでた金時豆（あれば）を牛肉の鍋に入れ、煮込む。

（料理：相川）

1 ハッシュドビーフ ▶ RECIPE
2 五分づきごはん
3 リーフサラダ 自家製玉ねぎマヨドレッシング
4 春菊と赤かぶの辛子和え
5 伊予柑

084

りんごのコンポート ▶ RECIPE
赤ワインのゼリー ▶ RECIPE

それでもワインが余ったら　りんごの赤ワインコンポート

ハッシュドビーフを作っても残ってしまった赤ワインで、翌日には、秋らしくりんごと合わせたコンポートにしてもらいました。りんごの風味のコンポートの煮汁で、「ゼリーも作りました」と言われ、冷蔵庫に入っていて感激。ワインも全部なくなりすっきりです。**コンポート**は、りんご（紅玉、ふじなど）の皮をむき、くし切りにする。赤ワイン、きび砂糖、シナモン、クローブを鍋に入れ火にかける（甘さは好みで調節する）。沸騰したらりんごを入れ、弱火で15分、食感が残る程度に煮る。火を止めて粗熱をとり、冷蔵庫で冷やしてできあがり。煮汁で**ゼリー**を作る場合は、板ゼラチン3gを水でふやかして、煮汁100cc（煮詰まっていたら水を足す）を沸騰させ、火を止めたらふやかした板ゼラチンを入れてよく混ぜる。ざるでこし、粗熱がとれたら容器に入れ、冷蔵庫で冷やし固める。

（料理：相川）

ひじきが入った鶏のつくねバーグ

ツヤツヤのつくねが並んだ姿に、引き寄せられました。つくねのハンバーグ、「**つくねバーグ**」です。わさびがのって、ひじきがたくさん入った歯ごたえがおいしいです。芽ひじき5gは水で戻しておく。ボウルに鶏ひき肉200g、長ねぎみじん切り½本、しょうがの絞り汁、片栗粉と酒各小さじ１、卵１個、塩・こしょうをよく混ぜ合わせる。丸く成形し、油をひいたフライパンで強火で片面焼き、返して中火で焼く。半分ほど火が通ったらみりん大さじ２、しょうゆと酒各小さじ２を入れて煮詰める。鶏つくねに火が入り、タレにとろみがついたら火を止める。仕上げに山わさび（なければ普通のわさび）をおろしてのせて、できあがり。

（料理：相川）

1 ひじきと鶏のつくねバーグ ▶ RECIPE
2 小かぶと紅芯大根　自家製マヨチリソース
3 ブロッコリーと長いもの金山寺味噌和え
4 ほうれん草とにんじんのごま和え
5 さつまいものはちみつレモン煮
6 五分づきごはん
7 白菜としょうがの味噌汁

里いもコロッケ 八丁味噌ソース
舞茸の炊き込みごはん

1 さんまの梅煮
2 里いもコロッケ 八丁味噌ソース ▶RECIPE
3 舞茸の炊き込みごはん ▶RECIPE
4 柿といぶりがっこ、いんげんの白和え
5 オクラとみょうがの酢の物
6 小松菜と干し海老のナンプラー炒め
7 かぼちゃのすり流し

好きなものばかりで、いつもよりごはんも山盛りにしてしまいました。**里いもを使ったコロッケ**は、独特のねっとりとした感じと、八丁味噌のソースがぴったりでした。里いも400gは皮をむき、串がすっと通るまで蒸す。粗くつぶして、だし汁大さじ1.5、塩を加えて混ぜる。円盤形に成形し、小麦粉、溶き卵、パン粉を順につけ、180℃に熱した油でこんがりと揚げる。八丁味噌、きび砂糖、すりごま、湯各大さじ1を混ぜたソースを添える。**舞茸ごはん**は、フライパンに油をひき、ほぐした舞茸1株を強火で炒めておく。米2合を研ぎ、だし380cc、酒と薄口しょうゆ各大さじ1、みりん大さじ½、塩と共に炊飯器に入れ、上に炒めた舞茸をのせて炊く。　　　　　（料理：相川）

豚ミンチのエスニック混ぜごはん

1 豚ミンチのエスニック混ぜごはん ▶ RECIPE
2 半熟卵
3 かぼちゃとさつまいものキャラメリゼ
4 にんじんときゅうりとスパイスの漬物
5 グリーンサラダ
6 トマトとしょうがのスープ

薬味をたっぷりのせた、豚ひき肉の**エスニック混ぜごはん**でした。甘いかぼちゃとさつまいもが、とてもよく合いました。ほどよく脂ののった豚肉の薄切り肉やかたまり肉を選び、包丁やフードプロセッサーでミンチにしておく。しょうが、にんにく、パクチーの根と青唐辛子のみじん切り、コリアンダーパウダー、黒こしょうを香りが出るまで炒める。玉ねぎのみじん切りを加えて甘みが出るまで炒め、豚肉のミンチを入れ強火でしっかり炒める。途中でナンプラー、塩、砂糖少々を入れて炒める。仕上げに長ねぎのみじん切りを加え混ぜる。好みのごはん（ジャスミンライスなど）に豚肉のミンチをのせ、パクチー、小口切りの万能ねぎなど好みの香味野菜を添え、レモンやライムを絞って一緒に混ぜて食べる。　　　　　　（料理：永易）

かぶの葉としらすのふりかけ
ひじきのサラダ

手作りのふりかけがうれしいです。**かぶの葉としらすのふりかけ**は、かぶ（大根や小松菜でも）の葉をさっとゆで、冷水にとる。水気を絞り細かく刻み、好みの油で炒める。しらすを入れて塩をし、食材から出てくる水分をとばしながら炒める。最後にごまを和える。**ひじきのサラダ**はひじきをしっかり水で戻し、ざるにあげる。少量の油で炒め、みりん3：しょうゆ1くらいの割合で味付けし、炒り煮して冷ましておく。にんじん、セロリ、きゅうりなど歯ざわりのよい野菜を千切りにし塩をする。水分が出て、野菜に塩味が入ったら、ざるにあげ野菜の水分を自然に切る。ひじきと、野菜、酢、はちみつ、こしょう、オリーブオイルで和える。足りなければ塩で味を調える。好みでごまや砕いたナッツを。

（料理：永易）

1 京いもの竜田揚げ
2 ゆり根入りコロッケ ごま味噌ソース
3 ひじきのサラダ ▶ RECIPE
4 厚焼き卵　5 かぶの葉としらすのふりかけ ▶ RECIPE
6 チンゲン菜の炒め物　7 なすとバジルのしょうゆ炒め
8 ごはん　9 きのこと豚肉としょうがの汁もの

肉団子の黒酢あんと春雨サラダ

1 ベジ春雨サラダ
2 じゃがいもの豆板醤煮
3 キャベツ、ヤングコーン、干し海老の炒め
4 肉団子の黒酢あん ▶ RECIPE
5 ごはん　6 トマトと卵のスープ

大皿に盛られた、秋らしい色あいの**肉団子の黒酢あん**。ボウルに豚ひき肉200g、長ねぎ½本のみじん切り、しょうがの絞り汁小さじ１、溶き卵½個分、酒小さじ１、片栗粉小さじ２を入れ、よく混ぜ合わせる。肉団子を食べやすい大きさに丸め、全体に片栗粉をはたいて170℃の油で揚げる。フライパンにごま油をひき、ざく切りのチンゲン菜２束を炒める。鶏ガラスープ100cc、黒酢大さじ３、しょうゆ大さじ１、きび砂糖大さじ３を入れて、沸騰させる。揚がった肉団子をフライパンに加えて、煮汁とよくからめる。水溶き片栗粉をでとろみをつけて、できあがり。

（料理：相川）

料理家 INTERVIEW
相川あんなさん

あいかわ・あんな 料理家。東京都出身。レストラン、ケータリング会社、和食店などで料理の腕を磨いた後、逗子の自然食品店に勤務。無添加の食材や調味料、ヴィーガン料理の知識を深める。現在は「あんな食堂」を主宰し、ケータリング、注文弁当、イベント出店など多方面で活躍中。http://anna-kitchen.com

　毎週、水曜日と木曜日の夕飯を担当しています。これまでもケータリングやレストランの現場で働いてきたので、20人分の食事をひとりで作るという仕事はとても楽しくて。毎回、すごくやりがいを持って取り組んでいます。水曜日と木曜日は、仕込みをしてから保冷バッグを抱えて細山田デザイン事務所に来て、事務所のキッチンで料理の仕上げをするのが1日の流れです。

　食材もメニューも制約がなく、完全に任されているので、メニューはその日の気温や天候次第。2年半ほど前に依頼された際に「野菜を多く入れてください」とのリクエストをいただいたので、知り合いの農家さんや近所の直売所で湘南・鎌倉・三浦野菜を中心に仕入れています。私はフルーツが好きなので、ドレッシングやサラダに入れることも多いですね。

　撮影に使った珍しい食材とか、誰かの実家から送られてきた新鮮な野菜や魚があるので使ってほしいという連絡が入ると、どうやって料理しよう、とワクワクしながら献立を考えます。大量のあんこうをいただいて、ひたすらさばいたり、パーティ後に残った赤ワインでハッシュドビーフとりんごのコンポートを作ったり。勉強になるし、使い切ると「やったー！」と思います。

　料理書をたくさん手がけているデザイン事務所だけに、皆さん食に対する好奇心が旺盛。食べ終わってから「おいしかったからレシピを知りたい」と聞かれることもたびたびあって、本当に食べることが好きな方たちなんだな、と実感しています。今までの経験と出会いが重なって、ここでの料理につながっていることに、感謝する日々です。

FOOD BOOKS BY HOSOYAMADA DESIGN OFFICE

細山田デザイン事務所が手がけた、食の仕事

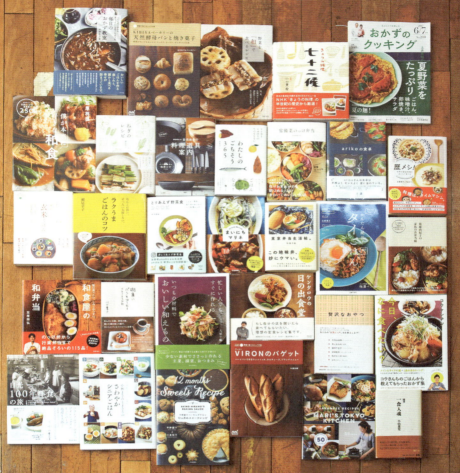

『おかずのクッキング』テレビ朝日／小山薫堂（監修）『きょうの料理 七十二候』講談社／庄司いずみ『野菜を「和」で食べるレシピ』主婦の友社／KIBIYAベーカリー『KIBIYAベーカリーの天然酵母パンと焼き菓子』マイナビ出版／平岡淳子『毎日のおかず教室』ナツメ社／遠藤雅司『歴メシ！世界の歴史料理をおいしく食べる』柏書房／ariko『arikoの食卓』ワニブックス／MOMOE『常備菜のっけ弁当』宝島社／寿木けい『わたしのごちそう365 レシピとよぶほどのものでもない』セブン&アイ出版／熊澤大介『釜浅商店の「料理道具」案内』PHP研究所／瀬尾幸子『ねぎのレシピ』新星出版社／笠原将弘『僕が本当に好きな和食 毎日食べたい笠原レシピの決定版！250品』主婦の友社／後藤由紀子『後藤由紀子の家族のお弁当帖（正しく暮らすシリーズ）』ワニブックス／味澤ペンシー『かんたん絶品！タイごはん90レシピ』主婦の友社／杉森千波『東京弁当生活帖。』セブン&アイ出版／『まいにちマリネ 漬けるからおいしい。作り置きで便利。マリネのおかず102レシピ』学研／植木俊裕『とりあえず野菜食BOOK』学研／瀬尾幸子『ラクうまごはんのコツ』新星出版社／石渡希和子、松井一恵『東京玄米ごはん［東京ナチュラルガイド］』野草社／コウケンテツ『今日、なに食べたい？』新潮社／松任谷由実、藤田千恵子、桜沢エリカ、はな、本上まなみ、深澤里奈『贅沢なおやつ』マガジンハウス／ケンタロウ『ケンタロウの日の出食堂』ベネッセコーポレーション／大原千鶴『忙しい人でもすぐに作れる いつもの材料でおいしい和えもの』家の光協会／川口葉子『街角にパンとコーヒー』実業之日本社／笠原将弘『和食屋の和弁当』主婦の友社／小山薫堂『随筆 一食入魂』ぴあ／滑志田真理『JAPANESE RECIPES from MARI'S TOKYO KITCHEN』ぴあ／牛尾則明『新版 家庭で焼けるシェフのVIRONのバゲット』マイナビ出版／平野顕子、三並知子『平野顕子ベーキングサロン 12ヵ月のスイーツレシピ』河出書房新社／小林まさみ、小林まさる『小林まさみとまさるのさわやかシニアごはん』文化出版局／小山薫堂『日光100年洋食の旅』エフジー武蔵

092

大橋歩『家で食べるごはんが一番 アルネのかんたん料理』サンクチュアリ出版／大原千鶴『まいにち おべんとう』高橋書店／『dancyu』プレジデント社／藤本由香里、栗崎優子『雑穀でかんたん！毎日のパンとお菓子 体の中から美しくなる55のレシピ』光文社／ケンタロウ『ケンタロウ1003レシピ』講談社／堤人美『材料ならべてこんがり焼くだけレシピ』主婦の友社／『Arne』サンクチュアリ出版／飯島奈美『シネマ食堂』朝日新聞出版／原亜樹子『Berry BOOK 甘酸っぱくておいしい、ベリーのお菓子とドリンク60レシピ』パルコ／牛尾則明『家庭で焼けるシェフの味 セントル ザ・ベーカリーの食パンとサンドイッチ』マイナビ出版／栗山善四郎『江戸料理大全』誠文堂新光社／機内食ドットコム Rikiya『みんなの機内食』翔泳社／大原千鶴『忙しい人でもすぐに作れる 冷めてもおいしい和のおかず』家の光協会／若杉友子、若杉典加『若杉ばあちゃんの伝えたい食養料理』パルコ／荒木典子『まいにちの和食』KADOKAWA／中経出版／笠原将弘『笠原将弘の和食道場』扶桑社／堤人美、上島亜紀、つむぎや、平岡淳子、植松良枝『絶品！とっておきのうちカレー』ナツメ社／丸岡武司『世界の終わりに食べたい ハイ食材50』KADOKAWA／井口和泉『料理家ハンターガール奮戦記 ジビエの美味しさを知らないあなたへ』朝日新聞出版／岩崎啓子（監修）『男を正すつまみ』保健同人社／『作りおきサラダ』主婦の友社／『作りおきスイーツ』主婦の友社／早川光（著）、松本秀樹（協力）『日本一の魚屋「根津松本」に選ばれた この世でいちばん旨い魚』ぴあ／飯島奈美『朝ごはんの献立』池田書店／青江覚峰『いつもの、お寺のおかず』光文社／大橋歩『おいしいパンノート』イオグラフィック／カノウユミコ『キャベツ料理 野菜がおいしい毎日のおかず』毎日コミュニケーションズ／サカキシンイチロウ『博多うどんはなぜ関門海峡を越えなかったのか』ぴあ／上島亜紀『切って並べて焼くだけ！天板1枚で、ごちそうオーブン料理』学研／ケンタロウ『ケンタロウの洋食 ムズカシイことぬき！』講談社

093

FOOD BOOKS BY HOSOYAMADA DESIGN OFFICE

FOOD DESIGNS BY HOSOYAMADA DESIGN OFFICE
細山田デザイン事務所が手がけた、食の仕事

365 ランチカレンダー 2011／コーヒーカップカレンダー 2016／スウェディッシュフードレシピカレンダー 2005／BENTO カレンダー 2017／シードカレンダー 2004　すべて一九堂印刷所

egg tart　eggcellent／まごにはやさしい　ひざの上の食堂／ランチバッグ　金谷ホテル／梅あぶらシリーズ　邑人シリーズ　香醸栽培の梅干　すべて石神邑／Tokyo Tower OMIYAGE SAKURA HONEY　あかしあはちみつ　さくらはちみつ　そばはちみつ　山田養蜂所／GOOD LUCK CURRY BURGER　東武日光線開通80周年記念／コトコト煮込んだオニオンチキンカレー　TOKYO CURRY LAB.／Henri Charpentier　一九堂の100周年記念企画／文明堂の今昔味比べ　一九堂の100周年記念企画／CHAMPION 100th Anniversary Champaign／光乃心　金谷ホテル／Barbero GIAPPONE　自由が丘／Le COFFRET／光乃心　酒ケーキ　金谷ホテル

095

FOOD DESIGNS BY HOSOYAMADA DESIGN OFFICE

料理家 INTERVIEW
夏井景子さん

なつい・けいこ 料理研究家。新潟県出身。父は板前、母も料理上手。自然に料理の道へ進み、製菓学校卒業後、ベーカリーやオーガニックカフェで働く。現在はフリーの料理研究家として料理教室、雑誌、書籍のレシピ提供など多方面で活躍。好きなもの、得意なものはキムチ作り。
http://natsuikeiko.com

　月曜日と火曜日は、細山田デザイン事務所のごはん当番の日。朝いちばんに、自宅近くにあるJAの直売所に行って、新鮮な野菜を選びながらメニューを決めます。野菜を見れば季節がわかるし、料理も思い浮かぶ。オーガニックカフェで働いていたこともあって、野菜や玄米を使った家庭料理が好きなんです。こりすぎたものや、重たいものではなくて、毎日食べたい家庭的なごはん。ひと手間かけて、心と体の栄養になるものを作りたい、といつも思っています。

　野菜から献立を組み立てたら、魚や肉などを買い足して、せっせと仕込み作業です。おかず4〜5品、汁もの、ごはんものという組み合わせをベースにしています。和食やエスニック系を作ることが多いかな。お口直しがほしいので、必ずフルーツを添えて。

　1日働いてお腹を空かせて食べるのだから、揚げものにしたり、ごはんはドリアにしたり、野菜料理ばかりでボリューム不足にならないように気をつけています。それから、できるだけ自家製のものを使って料理をしたい、という思いもありますね。生えのきからなめ茸を作って和えものにしたり、豚キムチチゲやビビンパのときは、手作りのキムチを持ってきたり。

　私が主宰している料理教室は「みんなでわいわい作ってもりもり食べましょう」がテーマなのですが、細山田デザイン事務所のお夕飯は、まさにそんな雰囲気。もちろん作る人は主に私ですが、わいわいと取り分けて、皆でもりもり食べて、最後はお片付け。ここで夕食作りをするたびに、食事を分かち合うことの楽しさと大切さを再認識しています。

WINTER

細山田デザインの夕ごはん
冬のメニュー＆レシピ

大人気 里いもの味噌ドリア

夏井さんの**ドリア**は大人気で、いつもリクエストが出ます。里いもは蒸して皮をむき、食べやすい大きさに切る。フライパンにオリーブオイルをひき、玉ねぎの薄切りを炒める。しんなりしたら、白ワイン50ccとしめじをほぐして加えて香りを出すように炒める。次にホワイトソースを作る。鍋にバター30gを熱し、溶けたら小麦粉30gを入れて炒める。しゅわしゅわとしてきたら人肌に温めた牛乳400ccを少しずつ加え、焦げないように、泡立て器で混ぜながらとろみを出す。白味噌大さじ1.5、タイム、こしょうで味を調える。耐熱皿にオリーブオイルを塗り、ホワイトソース→ごはん→ホワイトソース→里いもとしめじ→ホワイトソース→ミックスチーズの順に重ねる。220℃のオーブンで15分ほど焼く。　　　　　　　　　　（料理：夏井）

1 里いものドリア ▶ RECIPE
2 リーフサラダ
3 かぶのマリネ
4 小松菜と自家製なめ茸
5 セロリと紫玉ねぎのヤムウンセン
6 りんご　7 わかめスープ

骨付きチキンカレー

1 骨付きチキンカレー ▶ RECIPE
2 にんじんのマスタード和え
3 ひよこ豆とブロッコリーのヨーグルトサラダ
4 キャベツのハーブ蒸し
5 ごはん

さまざまなスパイスと、とろみと味の要になるカレールウを組み合わせて使います。骨付きの**鶏肉がゴロリと入ったカレー**は、骨から出るだしがきいて、複雑で濃厚な旨みがたっぷりです。鍋にオリーブオイルと玉ねぎ２個のみじん切りを入れ、きつね色になるまで炒める。にんにくとしょうがのすりおろし、鶏手羽元８本を加え少し色がつくまでさらに炒める。カレー粉大さじ１、クミンパウダー小さじ２、コリアンダーパウダー小さじ１を加えて混ぜる。ダイスのトマト缶１缶、鶏ガラスープの素小さじ２、ローリエを加え、アクをとりながら30分ほど煮込む。カレールウ（甘口から辛口までお好みのもの）２片を加えて混ぜ、スパイスで味を調える。　　　　　　（料理：夏井）

肉団子ときくらげと卵の中華煮込み コロッケ味噌ソース

食感のよい**きくらげとゆで卵が入った煮込み**は、P.23を参照して、鶏肉団子のたねを作る（酒の代わりに紹興酒小さじ½でもよい）。きくらげ6個を水で戻し石突きをとる。鍋に水、ねぎの青い部分、しょうがの薄切り、だし昆布を入れ弱火にかけ、沸騰直前に昆布を取り出し、きくらげ、ゆで卵、丸めた肉団子を加える（好みで八角やシナモン、山椒も）。塩、みりん、薄口しょうゆで味付けし、煮込む。仕上げはねぎやラー油で。コロッケに添えた**味噌ソース**は、味噌と豆乳とクリームチーズを混ぜ、弱火にかける。**和えもの**は、舞茸を素揚げし、しょうゆと酢（酸味のある柑橘果汁）に浸して引き上げる。水菜や春菊、三つ葉、みょうが、クレソンなど香りのよい野菜やごまと和える。　　　　　　　　　　　　　　　　（料理：永易）

1 揚げ舞茸と水菜の和えもの
　▶RECIPE
2 山いもの昆布和え
3 コロッケ味噌ソース
　▶RECIPE
4 鶏肉団子ときくらげと
　卵の中華煮込み　辛みオイル
　▶RECIPE
5 にんじんとパクチー炒め
6 ごはん
7 あおさのりの味噌汁

コトコト煮込んだ冬のロールキャベツ

1 さばとオータムポエムと
　ディルのトマトソースペンネ
2 ロールキャベツ ▶ RECIPE
3 ひよこ豆と根菜、柿のサラダ
4 じゃがいもと間引き大根の豆乳ポタージュ

ロールキャベツの日は、特別な気分です。キャベツ4枚は芯をとり、たっぷりの湯で1分ゆでる。ボウルに玉ねぎのみじん切り½個、あいびき肉150g、粗びきソーセージのみじん切り40g、シュレッドチーズ20g、パン粉30g、牛乳30cc、パセリのみじん切り½束、ナツメグ、パプリカパウダー、塩を入れ、よくこねて肉だねを作る。肉だねを4等分してキャベツで包み、スパゲッティを巻き終わりに刺してとじる。小麦粉を薄くはたき、フライパンにバター大さじ1を熱し、ロールキャベツの表面に焼き目をつける。鍋に並べ入れ、チキンスープ（またはチキンコンソメを湯に溶かしたもの）2カップを注ぎ、コトコト煮込む。塩・こしょうで味を調える。

（料理：相川）

芽キャベツとクリームチーズの春巻き

1 にんじん、パプリカ、長ねぎの甘酒ソース炒め
2 グリルカリフラワーとリーフサラダ
3 芽キャベツとクリームチーズの春巻き ▶ RECIPE
4 ふりかけごはん　**5** みかん
6 ほうれん草ののり和え　**7** たたきごぼうのごま和え
8 かぶの葉の味噌汁

何が入っているんだろう……と声があがった**春巻き**の中身は、クリームチーズと芽キャベツ、しょうゆ味のきのこ。春巻きはやっぱり揚げたてがいちばんです。しめじとエリンギを食べやすい大きさに切り、油を熱したフライパンで炒め、しょうゆを加えてからめながら炒める。春巻きの皮の角が手前にくるように置き、大葉1枚をしく。4等分した芽キャベツ、クリームチーズ、しめじとエリンギのしょうゆ炒めを並べる。手前からひと巻きして左右を折り、さらに巻いて皮の縁に水を塗ってとめる。170℃に熱した油で、全体が色づきカリッとするまで揚げる。

（料理：夏井）

干し海老とねぎの炊き込みごはん

1 ほうれん草ごま和え
2 鶏の唐揚げ
3 トマト、きゅうり、サニーレタスのサラダ
4 干し海老とねぎの炊き込みごはん ▶RECIPE
5 みかん　6 大根サラダ
7 にんじんナムル　8 豆腐とねぎの味噌汁

　炊き込みごはんは大人気で、炊飯器の底がすぐに見えてしまいます。この日、夏井さんが作ってくれたのは干し海老のだしがきいた、中華風の**干し海老とねぎの炊き込みごはん**。ナンプラーがきいていました。米を研ぎ、炊飯器に入れる。ナンプラー少々、酒、しょうゆ、干し海老を入れ、水加減をして炊く。フライパンにごま油をひき、長ねぎの粗みじん切りを炒める。炊き上がったごはんに炒めた長ねぎを加えて混ぜ合わせる。もち米を混ぜて炊いてもおいしい。　　　　　　　（料理：夏井）

刺身ぶりの照り焼きと大根

1 刺身ぶりの照り焼きと大根
▶RECIPE
2 コロッケ　3 きんぴらごぼう
4 さつまいもの甘煮　5 ごはん
6 ブロッコリーの塩昆布和え
7 赤大根と水菜とみょうがのサラダ
8 白菜の味噌汁

贅沢にもお刺身用のぶりで、レア（半生）な照り焼きでした。**ぶりの照り焼き**は、刺身用の新鮮なぶりのサクを厚切りにし、塩を全体にふる。冷蔵庫で10分ほどおき、水分をしっかり拭き取る。薄く片栗粉をはたき、油を入れ強火で熱したフライパンで短時間で焼き色をつける。余分な油を拭き取り、酒を加え、ふたをしてさっと蒸し焼きにする。水分が蒸発したらふたを取り、みりんとしょうゆを入れ全体に味をからめる。やわらかく塩ゆでした大根は、そのまま一緒に添えてもいいし、水分を拭き取りぶりを焼く前にフライパンで表面をこんがり焼き、ぶりと一緒にタレとからめるとぶり大根風に。　　（料理：永易）

韓国料理 野菜のチャプチェ

甘辛い味で野菜をたっぷり食べられる韓国料理、**チャプチェ**。春雨（太めの韓国春雨や糸こんにゃくでも）を、しょうゆ少々を入れた湯でゆでる。ほうれん草（せりや三つ葉でもよい）はゆでて3cmに切り、水気を絞ってごま油、しょうゆ、炒りごまで和える。にんじんは千切り、玉ねぎは繊維を断つように薄切り、緑・赤ピーマンは細切りにし、それぞれごま油と塩で炒める。干ししいたけは水で戻しスライスし、戻し汁に砂糖、みりん、しょうゆを入れて煮込む。舞茸は手でさき、酒、みりん、おろしにんにく、しょうゆで炒め煮にし、煮汁が残っているうちに春雨としいたけを加えて和える。しいたけの煮汁で水分を調整し、材料をすべて入れて混ぜ合わせ、火を消す。

（料理：永易）

1 蓮根のチリソース
2 豚肉と厚揚げときくらげの煮込み
3 野菜のチャプチェ ▶RECIPE
4 水菜とオクラときゅうりのサラダ
5 黒米入りごはん
6 あさりの味噌汁

野菜たっぷりのラザニア

キッチン中の耐熱皿を総動員した迫力の**ラザニア**は、大人気です。にんにく、玉ねぎ½個、セロリ、にんじん各½本をみじん切りにして炒め、あいびき肉200gを加えて炒める。赤ワイン80ccを注いで熱し、トマト缶180cc、水、セージ、ローリエ、ナツメグを入れて煮込み、ミートソースを作る。次にホワイトソースを作る。鍋にバター30gと小麦粉25gを入れて炒め、牛乳250ccを加えて混ぜ、とろみがつくまで煮立たせる。トマト、ズッキーニ、なすはスライスし、フライパンで焼く。器にバターを塗り、ゆでたラザニア4枚、ミートソース、ホワイトソース、野菜、チーズ、パン粉の順に重ねてパセリを散らす。220℃のオーブンで20分ほど焼く。　　　　　　（料理：相川）

1 野菜たっぷりラザニア ▶ RECIPE
2 かぼちゃとリーフのサラダ
　自家製にんじんドレッシング
3 さつまいものロースト
　ローズマリー風味
4 アボカドディップ
5 バゲット　6 りんご
7 しょうがと白菜スープ

ごろっと野菜のポトフ
ざくろ入りフルーツヨーグルト

1 ごろっと野菜のポトフ ▶ RECIPE
2 リーフサラダ アンチョビドレッシング
3 ミディトマトのカプレーゼ
4 いかのラグー赤ワイン煮のペンネ
5 バゲット
6 ざくろ入りフルーツヨーグルト

この季節にありがたい、野菜がごろごろ入った**ポトフ**でした。野菜はじゃがいも2個、にんじん1本、玉ねぎ½個、セロリ½本、キャベツ¼個などを目安に、好みのものを入れればOK。野菜はすべてざく切りに。ベーコン100gはひと口大に切る。鍋にオリーブオイル、つぶしたにんにく、ベーコンを入れて軽く炒める。野菜のブイヨン600ccを加え、切った野菜、ローリエ1枚、タイム3本を入れ、アクを取り除きながら、野菜がやわらかくなるまで煮込む。塩・こしょうで味を調え、器に盛りつけ、好みの量の粒マスタード、クレソンを添えてできあがり。たまたま手に入った珍しいざくろを、デザートのヨーグルトに散らしてもらいました。

（料理：相川）

TRAVELING TO TAIWAN
社員旅行／台湾へ

屋台と夜市と鍋と小籠包など、たくさん食べた台湾社員旅行。まずは「蜀辣川菜烤魚麻辣鍋」にて総勢20人で火鍋。続いて屋台で買った胡椒餅は、猫舌ではなくても、口の中が痛いくらい熱かったです。台湾の定番の朝食、油條（棒状の揚げパン）＋豆乳は、ホテルの朝ごはんの後の朝ごはんに。隠れ家風の創作料理店「四知堂」では、オリーブオイルを使った新しい台湾料理で幸せな夜でした。そのまま無理矢理マンゴーかき氷を食べに。最終日は小籠包で有名な老舗「高記 復興店」で点心。細山田が皆の名前の活版を買ってきて配るという、まるで感動の卒業式のような旅行でした。

108

豚、蓮根、せりの水餃子スープ

1 豚、蓮根、せりの水餃子スープ ▶RECIPE
2 海老と卵のチリソース炒め
3 ほうれん草の自家製麻辣油炒め
4 にんじん粒マスタード和え
5 黒米ごはん
6 キウイ

餃子の日は、皆大喜びです。蓮根の歯ごたえがおいしい、**水餃子のスープ**。ボウルに豚ひき肉100g、皮をむき刻んだ蓮根50g、すりおろしたにんにく少々、せりのざく切り1束、しょうゆと酒各小さじ½、塩少々を入れ、ねばりが出るまでよく混ぜてたねを作る。餃子の皮で包み、沸騰した鶏ガラスープに入れて、3〜4分ゆでる。スープはしょうゆと酒で調味する。器に盛り、しょうがの千切り、せりの小口切りを散らしてできあがり。餃子の皮がのびないうちに、あつあつをどうぞ。　　（料理：相川）

鶏の唐揚げと紅芯大根の甘酢漬け

1 鶏の唐揚げ ▶ RECIPE
2 紅芯大根の甘酢漬け
3 ポテトサラダ
4 かぶとほうれん草のおひたし
5 ゆり根と三つ葉ごはん
6 柚子入りけんちん汁

この日は、唐揚げが食べたいね、と皆で話していたら、偶然にも**鶏の唐揚げ**が夕食メニューで大喜びでした。鶏もも肉2枚にフォークで穴を開けてから余分な脂を取り除き、食べやすい大きさに切る。ボウルに鶏肉を入れ、しょうが10gとにんにく1片のすりおろし、しょうゆ、酒、ごま油各大さじ1、塩・こしょうを加えて、よくもみ込み30分冷蔵庫におく。鶏肉に片栗粉をまぶし、180℃の油で2分ほど揚げ、いったん引き上げて3〜4分休ませて、再度こんがり色づくまで揚げる。

（料理：相川）

冬にうれしい 温かい豚キムチチゲ

自家製キムチのワークショップも主宰している夏井さん。この夜は、贅沢にも手作りのキムチをふんだんに使った、韓国の鍋料理キムチチゲ。白いごはんがよく合います。**豚キムチチゲ**は、鍋にごま油を入れて熱し、豚ばら薄切り肉を炒める。色が変わったら、ざく切りにした白菜のキムチとニラ、食べやすい大きさに切った豆腐または厚揚げを入れて炒め、酒、水を加えて煮込む。きび砂糖、味噌、コチュジャンで味付けをして、ざく切りの春菊とすりごまを加えてさっと煮る。鍋のままテーブルに出して、熱いうちにいただきました。　　　　（料理：夏井）

1 自家製キムチのチゲ ▶RECIPE
2 なす炒め
3 パプリカのきんぴら
4 大根の柚子マリネ
5 青菜のサラダ
6 ごはん　**7** みかん

博多のごぼう天うどん

博多うどんの本（『博多うどんはなぜ関門海峡を越えなかったのか』）という本をデザインしたことで、福岡から取り寄せしたうどん。相川さんにお願いして、**ごぼう天**を揚げてもらいました。いつもの食堂が、うどん屋さんのようなライブ感あふれる雰囲気に。このまま翌年の社員旅行も福岡に決定。ごぼう2本をななめ薄切りにして水にさらしてざるにあげる。ごぼうに小麦粉をまぶしておく。ボウルに小麦粉20g、炭酸水各20cc、塩ひとつまみを混ぜて、ごぼうと合わせる。170℃に熱した油でこんがりと揚げればできあがり。昆布6gを水1ℓに浸けて、しばらくおく。鍋に入れて火にかけて、沸騰したら厚切りかつおぶし14gを加えてこし、薄口しょうゆとみりん各小さじ2で味を調えた麺つゆと共に。

（料理：相川）

1 博多うどん
　（取り寄せしたもの）
2 ごぼう天 ▶ RECIPE
3 春菊と菊いも天
4 平飼い有精卵のだし巻きたまご
5 あやめ雪かぶと辛子高菜和え

柚子が香る鶏団子のみぞれ汁

1 鶏団子のみぞれ汁 ▶ RECIPE
2 素揚げ里いもとせりのごはん
3 だし巻きたまご
4 ぶりと焼きねぎの照り焼き
5 ほうれん草とかぶのおひたし
6 ザーサイとにんじんのナムル

温かい汁ものが欲しくなる季節に、**鶏団子のみぞれ汁**。ボウルに鶏ひき肉200g、ねぎのみじん切り½本、しょうがの絞り汁と片栗粉各小さじ1、卵½個、しょうゆ、塩・こしょう各少々を混ぜ合わせ、鶏団子を作る。沸騰させただし600ccに鶏団子をスプーンで落とし入れる。薄口しょうゆ、酒、塩で味を調え、大根おろし¼本分を入れる。水溶き片栗粉を入れ、とろみをつけたら器に盛り、三つ葉、柚子の皮をのせてできあがり。鶏肉から出たおいしいだしを、大根おろしと片栗粉のとろみがまとめあげた、温まる一品でした。黒米でピンクに色づいたごはんに、せりと素揚げした里いもを混ぜたごはんも、香ばしくいただきました。

（料理：相川）

あさりと白菜とトマトのペンネ

1 あさりと白菜とトマトのペンネ ▶ RECIPE
2 ゆで卵とブロッコリー、
　さやいんげんの豆乳ソースサラダ
3 フライドチキン　4 トレビスのサラダ
5 里いものマッシュ
6 にんじんのポタージュ

あさりと白菜とトマトのペンネは、フライパンにオリーブオイル、つぶしたにんにく、種を抜いた鷹の爪を入れて火にかけ、香りと辛みを移す。ざく切りの白菜をさっと炒め、トマト缶を入れて塩をして、トマトの酸味より甘みが強くなるまで煮詰める（生トマトを使う場合は、仕上げる直前に入れる）。ソース作りと並行して、塩を入れた湯でペンネをゆで始める。ソースのフライパンに好みの貝（あさり、はまぐり、ムール貝など）とパスタの煮汁少々を加えてふたをする。貝が開くまで蒸し煮にし、必要なら塩で味を調整する。こしょうとゆであがったペンネを加えてソースとからめる。好みでバジルなどハーブを入れてもよい。　　　　　　　　　　　　　　　　（料理：永易）

あじときすのフライ
塩豚と大根の唐辛子炒め煮

WINTER

1 あじときすのフライ
2 かぼちゃの豆乳マヨネーズサラダ
3 ひじきのサラダ　4 ごはん
5 昆布の佃煮　6 蓮根の炒め物
7 塩豚と大根の唐辛子炒め煮 ▶ RECIPE
8 大根の葉とねぎと油揚げの味噌汁

塩豚と大根の唐辛子炒め煮は、大根に味がしみ込んで、シンプルな材料なのに深い味わいでした。韓国産の唐辛子は国産のものより辛みが少ないので、唐辛子の旨みは欲しいけれど辛みは抑えたいときに使いやすいそうです。肉の重量の3～4％の塩で漬けた豚ばらかたまり肉と玉ねぎは5mmくらいの薄切りに、大根は皮付きのまま5mmくらいのいちょう切りにする。赤ピーマン（または万願寺唐辛子）の種を取り除き、好みの大きさに切る。鍋かフライパンにバター少々を溶かし、塩豚と韓国産の粗めの粉唐辛子を入れて炒める。玉ねぎ、大根、赤ピーマンと水少々を入れ、ふたをして蒸し煮にする。野菜に火が通ったらふたを取り、煮汁が少し残る程度まで、煮汁を食材全体に煮からめる。　　　　　　　　　　　　　（料理：永易）

わかさぎの南蛮漬け
ドライトマトの炊き込みごはん

さわやかで美しい**わかさぎの南蛮漬け**。わかさぎをよく洗い、水気を拭き、軽く塩をして冷蔵庫に入れておく。にんじん、セロリ、みょうがなど好みの野菜を千切りにし、玉ねぎなど辛みやアクのある野菜は水にさらしよく水気を切る。だし（昆布やいりこだし、かつおだし）150cc、薄口しょうゆ大さじ1.5、酒大さじ1、みりん大さじ1弱、種を抜いた鷹の爪1本、砂糖大さじ1弱、塩少々を鍋に入れて沸かす。火を止め、米酢大さじ1弱、季節の柑橘スライス、野菜を入れ冷ます。わかさぎから出た水分を拭き、小麦粉をつけカリッとするまで揚げ、タレに浸ける。**炊き込みごはん**は、水で戻したドライトマトのみじん切り、ナッツと塩、戻し汁でごはんを炊く。　　　　（料理：永易）

1 きのこソテー
2 ドライトマトの炊き込みごはん
　▶RECIPE
3 わかさぎの南蛮漬け▶RECIPE
4 菜の花おひたし
5 鶏肉とゆり根の団子あおさあん
6 春菊のサラダ
7 豆腐と白菜の味噌汁

トレビスとハーブの
ナッツドレッシングサラダ

1 豚肉とカリフラワーのカレー
2 マッシュポテト ハーブオイル
3 トレビスとハーブの
　ナッツドレッシングサラダ ▶ RECIPE
4 ビーツのマリネ
5 ごはん

　ほんのりタイを感じるカレーでした。少し苦みのある野菜サラダに、ナッツが入ったドレッシング。香ばしくてたっぷりかけてしまいました。**トレビスとハーブのナッツドレッシングサラダ**は、トレビス、セルバチコ、チコリ、クレソンなど香りのある生野菜を好みで用意する。オリーブオイル、塩、酢、にんにくごく少量、はちみつをミキサーにかけて、最後に好みのナッツ（アーモンド、くるみなど）を入れ、歯ざわりが残る程度まで攪拌してドレッシングを作る。野菜をボウルに入れ、ドレッシングと和える。ドレッシングがコクのあるしっかりした味なので、メインで使う野菜は歯ごたえと香りがしっかりしたものが合う。季節のフルーツを混ぜても、甘みのアクセントになっておすすめ。

（料理：永易）

小松菜のなめ茸和え
大根の柚子マリネ

1 小松菜のなめ茸和え ▶ RECIPE
2 牡蠣のクリームコロッケ　3 千切りキャベツ
4 五穀米　5 パイナップル　6 リーフサラダ
7 アスパラガスのにんにく炒め
8 大根の柚子マリネ
9 わかめと油揚げの味噌汁

牡蠣のクリームコロッケに、夏井さんの手作りの**なめ茸**。手作りの味はやっぱり落ち着きます。なめ茸の作り方は簡単で、ごはんや麺と一緒に食べるのもおいしそうです。鍋にしょうゆ、みりん、酒、水、だし昆布、鷹の爪を入れて少し煮立てる。えのきの石突きを切り落とし、半分に切って鍋に加える。水分が少し残る程度まで、弱火で煮含める。ゆでた小松菜など、青菜と和えると素敵な副菜に。　　　　　　　（料理：夏井）

鶏手羽元と大根の酒かす煮
うどのもち米おこわ

1 自家製キムチの冷や奴
2 小松菜のごま和え
3 リーフサラダ
4 うどのもち米おこわ ▶ RECIPE
5 鶏手羽元と大根の酒かす煮 ▶ RECIPE
6 にんじんと豆もやしのナムル　7 金柑

酒かすの香りと旨みが素材にしみ込んだ、心も体も温まる**酒かす煮**。鍋にごま油としょうがの薄切りを入れて熱し、香りを出す。鶏の手羽元を入れ、表面に色がつくまで焼く。皮をむき、食べやすい大きさに切った大根を加えてさっと炒める。みりん、酒、しょうゆ、酒かすを順に加え、水をひたひたに注ぐ。大根がやわらかくなるまで煮て、味噌で味を調える。**もち米のおこわ**の具は、皮をむき、小さめに切って素揚げしたうど。揚げたうど特有の香りと苦み、ほどよい油分がもっちりしたごはんに混じり合い、何度でもおかわりしたいおいしさでした。

(料理：夏井)

1 ムケッカ ▶ RECIPE
2 ライム
3 ゆで卵とリーフのサラダ
4 大根と白菜の煮込み
5 カリフラワー
6 ごはん

ブラジルの煮込み料理 ムケッカ

ブラジルの伝統料理、**ムケッカ**。ココナッツミルクとトマト、魚介類を煮込んだもので、初めていただきました。そのおいしさに、永易さんの料理教室でも教えてもらいたいね、と盛り上がりました。海老4尾の殻と尾、背わたを取り除き、背に浅い切り込みを入れる。たらの切り身1枚を4等分、いかとたこは好みの大きさに切り塩、にんにくのみじん切り、ライム果汁、パプリカパウダー小さじ½、パクチーのみじん切り1束でマリネし、15分ほど冷蔵庫に。鍋に油を入れ、玉ねぎのみじん切り¼個、セロリとにんじんのすりおろし各大さじ2、塩を入れ、甘みが出るまで炒める。マリネした魚介と白ワイン大さじ2を加え炒め、刻んだトマト½個を入れて1分ほど強火で熱する。パプリカの細切り¼個、ココナッツミルク150cc、水100ccを入れてさらに煮込む。塩と水で味と濃度を調え、ごはんにかけて食べる。

（料理：永易）

海老とカリフラワーのグラタン

手作りホワイトソースの、やさしい風味の**グラタン**。鍋にバター30gと小麦粉25gを入れて炒め、牛乳250ccを加えて混ぜ、とろみがつくまで煮立たせてホワイトソースを作る。別の鍋にバター、にんにく1片、みじん切りの玉ねぎ½個を炒め、むき海老10尾を加える。白ワイン50ccを入れて、アルコールがとんだらホワイトソースを入れ、煮立たせる。塩・白こしょうをし、ゆでたペンネ120gとからめる。耐熱皿にバターを塗り、ペンネ入りホワイトソース、ゆでたカリフラワーとほうれん草、くし切りにしたゆで卵、シュレッドチーズをのせて220℃に予熱したオーブンで焼く。チーズが溶け、焼き目がついたらできあがり。入りきらなかったゆで野菜は、サラダにしても。

（料理：相川）

1 海老とカリフラワーのグラタン ▶ RECIPE
2 ゆでキャベツのシーザーサラダ
3 キャロットラペ
4 かぶとかぶの葉のオイスターソース炒め
5 野菜のミネストローネ

エスニックなハーブが香る タイ風フライドポテト

1 オリーブとドライトマトのペーストのペンネ
2 フライドチキン チリソース　3 さつま揚げ
4 グリーンサラダ にんじんドレッシング
5 タイ風フライドポテト ▶ RECIPE
6 かぼちゃのマッシュ スパイスナッツオイル
7 里いものポタージュ

フレッシュハーブで香りづけをした**タイ風フライドポテト**。じゃがいもをしっかり洗い、皮付きのまま半分に切る。塩を入れた湯で、串がすっと通るまでゆでる。じゃがいもが鍋の中で踊らない程度の火加減で、ゆっくりゆでながら下味をつける。ざるにあげ、粗熱がとれたら好みの大きさに切る。鍋に油を用意し、こぶみかんの葉、レモングラスの茎、皮付きのにんにくを入れてから熱し、油に香りを移しながら、じゃがいもをカリッとするまで揚げる。揚がったら、じゃがいもに軽く塩・こしょうをする。好みで酢やレモンを絞っても。　　　（料理：永易）

YEAR END PARTY
冬の行事［忘年会］

メインは、グリーンピースソースのローストチキン。ひと口サイズのパイの中にはラタトゥイユやほうれん草。ミートボール＆ライ麦パンなど、北欧らしい料理も並びました。

忘年会は、事務所2階のスタジオで、身内の手作りによるクリスマスパーティでした。細山田亜弥＆岡田祐佳里さんによる「チーム・コルドン」が料理を担当。日頃お世話になっている皆さんを招待しました。

モグモグ

今までお世話になった料理人の皆さま

後藤しおりさん（豆/とう）
中山暢子さん（peddle）
山本千織さん
髙田裕巳さん（PEACEOVEN）
アンジーさん
Domingoさん（ULTRA LUNCH）
岡田祐佳里さん
吉田 舞さん
斉藤いづみさん
伊藤 維さん
沼本明希子さん
山本亜由美さん
永山 類さん
長宗千夏さん

125

SPECIAL THANKS

おわりに

　私は食に関することが大好きで、生活の中で食事を大切にしたいという思いから、デザイン業のかたわら、自然に食事の担当となりました。食事担当としては、毎日のことなので、お米や油、調味料などはいいものを、と考えて取り寄せしたり、食材を無駄にしないこと、使い切ることを工夫しながらやっています。

　毎日の夕食写真を撮影し続けていたところ、今回、社員食堂の本のお話をいただきました。内容の構成からデザインまで、いちから携わることができたこと、とてもありがたく、うれしく思います。編集の中島元子さん、河合知子さん、ありがとうございました。また、毎日の夕食担当の、相川あんなさん、永易久美子さん、夏井景子さんには、レシピの提供にご協力いただき、感謝申し上げます。

　料理家さんには、野菜を多く取り入れていただくようお願いしていますが、それも、毎日食べたくなるような食事につながっているように思います。ありがたいことに、日常の食事と比べると、毎回の品数が多く、すべてをお伝えしきれませんが、一品一品が本当においしいものばかりです。毎日の食事には感謝するばかりですが、食事を大事にしたい気持ちが少しでもお伝えできたら、うれしく思います。ありがとうございました。

細山田デザイン事務所
デザイナー、食事担当　成冨チトセ

CONCLUSION

細山田デザイン事務所

東京・渋谷区にあるデザイン事務所。料理や
ライフスタイルの本、児童書から専門書まで
さまざまな書籍や雑誌を中心にデザインして
いる。事務所1階の台所で料理人が作る夕食
を大きなテーブルを囲んで食べることが日課。
現在、デザインを担当している雑誌は『山と
溪谷』(山と溪谷社)、『dancyu』(プレジデン
ト社)、『GOETHE』(幻冬舎)など多数。

STAFF

アートディレクション ―――― 細山田光宣

デザイン ――――――――― 成冨チトセ　狩野聡子 (細山田デザイン事務所)

写真 ――――――――――― 成冨チトセ ／P3、18-65、67-90、98-123、127
　　　　　　　　　　　　　　 川口 匠 ／カバー、P8-17、66、91-96、124
　　　　　　　　　　　　　　 (細山田デザイン事務所)

レシピ提供 ―――――――― 相川あんな　永易久美子　夏井景子

校正 ――――――――――― ディクション株式会社

編集協力 ――――――――― 河合知子　成冨チトセ
編集 ――――――――――― 中島元子 (セブン&アイ出版)

おいしい本をつくる場所
細山田デザインのまかない帖
2017年10月24日　初版発行

著者　　　細山田デザイン事務所
　　　　　©Hosoyamada design 2017
発行者　　沢田 浩
発行所　　株式会社 セブン&アイ出版
　　　　　〒102 -0083
　　　　　東京都千代田区麹町5-7-2 5F
　　　　　http://www.7andi-pub.co.jp/
　　　　　電話 03-6238-2884 (編集)
　　　　　　　 03-6238-2886 (販売)
DTP　　　オノ・エーワン
印刷・製本　共立印刷株式会社

Printed in Japan ISBN 978-4-86008-747-0

落丁本・乱丁本は購入書店名を明記のうえ、小社
販売部あてにお送りください。送料小社負担にて
お取り替えいたします。但し、古書店で購入され
たものについてはお取り替えできません。なお、
この本の内容についてのお問い合わせは、書籍編
集部あてにお願いいたします。本書の無断複写
(コピー)は、著作権法上での例外を除き、禁じ
られています。定価はカバーに表示してあります。